ADAM
Selbstheilung
durch Visualisierung

ADAM

Selbstheilung durch Visualisierung

Aus dem Englischen von Michael Mundhenk

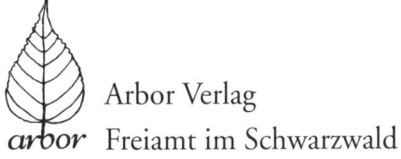

Arbor Verlag
Freiamt im Schwarzwald

Copyright © *2003, 2006 DreamHealer Inc.*
Copyright © 2007 der deutschen Ausgabe Arbor Verlag GmbH, Freiamt
by arrangement with Penguin Group (Canada)
Copyright © 2009 des Titelfotos : *DreamHealer Inc.*

Titel der amerikanischen Originalausgabe:
Dreamhealer 2 – A Guide to Healing and Self-Empowerment

1. Auflage 2009
Lektorat: Dr. Richard Reschika
Gestaltung: Anke Brodersen
Druck und Bindung: Westermann, Zwickau

Dieses Buch wurde auf 100% Altpapier gedruckt
und ist alterungsbeständig.
Weitere Informationen über unser Umweltengagement
finden Sie unter www.arbor-verlag,de/umwelt

Alle Rechte vorbehalten
www.arbor-verlag.de

ISBN 978-3-936855-54-8

*Sie haben den Rest Ihres Lebens,
um Ihre Zukunft zu ändern.*

ADAM

Inhalt

Die Reise geht weiter   11
Für Heilung muss man sich entscheiden   14

1 Verantwortung übernehmen
Die Rolle der Gewohnheiten   17
Die Rolle der Einstellungen   19
Die Rolle der Emotionen   23

2 Die lebendige Aura
Die Aura eines gesunden Körpers   26
Die Aura der Krankheit   30
Energie-Übungen   32

3 Der Geist-Körper-Zusammenhang
Das Immunsystem   37
Kinder wahrnehmen   38
Das Selbst ganz werden lassen   40

4 Heilende Information
Intuition   44
Energetische Verbindungen   45
Energie als Information   46
Sieben Schritte ins Leben   47
Analysieren Sie Ihren Lebensstil   53
Telepathie, Intuition
und Intention in der Heilung   55

5 Heilung in der Gruppe

Das Muster-Hologramm	62
Anschauungsunterricht bei ursprünglichen Kulturen	64
Heilungs-Workshops in der Gruppe	100
Arbeitsschritte von Gruppenheilungs-Workshops	101

6 Die Physik der Energie-Heilung

Materie als Energie	108
Das universelle Energiefeld	110
Unsere Energie-Anschlüsse	112
Fernheilung	112

7 Techniken heilender Visualisierung

Feinabstimmung der eigenen Visualisierungsfähigkeit	115
Wie man ein Hologramm projiziert	116
Details bewusst machen	118
Vier Strategien zur Steigerung Ihrer Visualisierungsfähigkeiten	121

8 Grundlegende Visualisierungen: Gesundheit wiederherstellen

Feuer und Eis	131
Schlaue Energiepakete (SEPs)	135
Explosion	136
Wasserfall	137
Den Zustand der Gesundheit aufrechterhalten: Das strukturierte Energie-Raster	138
Wann und wo man visualisiert	139
Grundlegende Visualisierungen auf eigene Bedürfnisse zuschneiden	140

9 Visualisierungen bei speziellen Krankheiten

Krebs	143
Leukämie	147
Krankheiten des Nervensystems	147
Krankheiten der Atemwege	148
Herzleiden	150
Infektionskrankheiten	152
Magen-Darm-Probleme	152
Schmerzen	153
Gelenkprobleme, chronisch und akut	154
Rückenverletzungen	155
Muskelverletzungen	156
Knochenbrüche	156
Erschöpfung und emotionale Probleme	157
Visualisierungen auf eigene Bedürfnisse zuschneiden	158
Schlussbemerkung	160
Danksagung	161
Anmerkungen	162

Die Reise geht weiter

Schon immer konnte ich die Energiefelder um Menschen und andere Lebewesen sehen und spüren. Es war mir jedoch lange nicht klar, dass das nicht jeder kann. Eines Tages fühlte ich mich dazu gedrängt, meiner Mutter zu helfen, die unter den höllischen Schmerzen einer Trigeminus-Neuralgie litt, verursacht durch ihre Multiple Sklerose. Ohne zu wissen, was ich tat, beseitigte ich ihre Schmerzen. All die Jahre bis heute ist dieses bei ihr einst so häufige Symptom nicht mehr aufgetreten. So begann mein Weg als Heiler.

Die äußere Aura eines Menschen zu sehen, liefert nützliche Informationen über dessen Gesundheitszustand, aber ich gehe bei meiner Arbeit nicht so vor. Wenn ich eine Heilung durchführe, gelingt es mir, holografische Bilder zu projizieren, dreidimensionale Informations-Landkarten, die von dem betreffenden Menschen ausgehen. Ich nenne das „in die Person gehen", weil ich in der Lage bin, „in" ihr energetisches Hologramm „hineinzugehen", auf ihre holografische Information direkt zuzugreifen. Das kann geschehen, wenn ich physisch mit einer Person zusammen bin oder durch eine Verbindung, die beim Betrachten eines Fotos entsteht. Von diesen holografischen Bildern ausgehend, kann ich „sehen", wo Energieblockaden liegen, und kann Energie in Form von Information manipulieren, um eine Heilung zu erleichtern. Die betreffende Person heilt sich selbst, auf der Grundlage der Information, die er oder sie erhält.

Es ist gleichgültig, wie viele Kilometer physisch zwischen uns liegen – Entfernung spielt keine Rolle. Ich bin zu dem in der Lage, was ich als „Fernheilung" bezeichne. Die Fähigkeit dazu beruht auf der angeborenen gegenseitigen Verbundenheit zwischen uns und allem anderen in unserem Universum. Dieses Wissen ist wesentlich für unser sich erweiterndes Bewusstsein.

Heilung ist etwas, wozu wir alle fähig sind und was wir immer besser lernen können. Jeder Einzelne von uns ist für seine Gesundheit[1] verantwortlich. Aus diesem Grund habe ich *Selbstheilung durch Visualisierung* geschrieben; es enthält Anleitungen zu Visualisierungen, die Sie nutzen können, um Ihr Energiesystem wieder in ein gesundes Gleichgewicht zu bringen.

Mein erstes Buch, *Dreamhealer,* hatte zwei Ziele: Ich wollte erzählen, wie ich meine Heilbegabung entdeckte, und zweitens Menschen zu der Einsicht verhelfen, dass wir alle die Fähigkeit haben, zu heilen und geheilt zu werden. Bald nach der Veröffentlichung von *Dreamhealer* wurde mir klar, dass viele Menschen mehr Informationen brauchten über den mächtigen Einfluss, den wir alle auf unsere Gesundheit und Heilung haben. Die Leser waren begeistert, aber oft auch verwirrt. Sie äußerten Zweifel an ihrer Fähigkeit, sich selbst zu heilen. Sie bestürmten mich mit Fragen, wie man heilt.

Das vorliegende zweite Buch, *Dreamhealer 2 – Ein Handbuch für Gesundheit und Selbstheilung,* bemüht sich, diesem Bedürfnis gerecht zu werden. Es hat ebenfalls ein doppeltes Ziel: detaillierte Informationen zu liefern, wie jeder von uns sich selbst und andere heilen kann, und auf dieser Grundlage eine Antwort zu geben auf das enorme Bedürfnis nach Heilung auf unserem Planeten.

Seit *Dreamhealer* erschienen ist, habe ich von vielen gebildeten und aufgeschlossenen Menschen Ermutigung und Unterstützung erhalten. Ich habe auch Tausende von E-Mails von Personen bekommen, die Heilung brauchen. Manche waren verzweifelte Hilferufe von Menschen, denen ein grundlegendes Verständnis oder Wissen um unsere gegenseitige Verbundenheit fehlte. In diesem Buch behandle ich deshalb ausführlich unsere Verbundenheit miteinander und mit der universellen Energie. Manche dieser Hilferufe waren unsagbar herzzerreißend. Ich war mit Menschen konfrontiert, die am Ende waren und „zu allem bereit". Ich wurde gebeten, die Schule aufzugeben, meine Freunde und meine Hobbys, um mehr Zeit für die Heilung anderer zu haben. Jemand schlug mir sogar vor, ich solle weniger schlafen. Sogar wenn ich rund um die Uhr heilen würde, wäre nicht genug Zeit, um all diesen Bedürfnissen gerecht zu werden. Dieses Buch ist ein Schritt in die Richtung, diesen Bedürfnissen gerecht zu werden.

Als Heiler muss mir immer bewusst sein, wie viel Energie ich anderen geben kann und wie viel ich für mich selbst reservieren muss. Hören Sie folgendes Beispiel: Es gab in Neuseeland einmal einen Heiler, der berühmt wurde. Er war Alkoholiker gewesen, aber sein Leben nahm eine Wende, als er seine heilenden Fähigkeiten entdeckte. Aus nah und fern kamen die Hilfesuchenden. Vor seiner Haustür bildeten sich lange Warteschlangen. Mehrere Jahre lang half er anderen, so viel er konnte, und verzichtete auf seine eigenen Bedürfnisse. Eines Tages brach er unter der immensen Verantwortung zusammen, die das Heilen mit sich bringt. Er flüchtete wieder in den Alkohol und wurde nicht mehr gesund.

Jeder Heiler weiß, dass es so ist: Gib etwas von dir, aber behalte *immer* auch eine Menge für dich selbst. Bewahr dir dein eigenes Leben, deine eigenen Interessen und den Raum, den du brauchst. Indem du das tust, kannst du dir dein Engagement für andere bewahren.

Es ist klar, dass wir bei einer Weltbevölkerung von rund sechs Milliarden Menschen Millionen von Heilern brauchen. Mein Ziel ist, so viele Menschen wie möglich zu unterrichten, da alles, was wir zu unserer Selbstheilung brauchen, bereits in uns liegt. Wir brauchen einfach nur die Instrumente, um uns in den Psyche-Immunsystem-Zusammenhang einzuklinken und ihn zur Heilung zu nutzen. Die Vermittlung wirkungsvoller Heilungstechniken ist der Schwerpunkt von *Dreamhealer 2*. Mit diesem Buch hoffe ich, für Millionen Menschen Hilfe zur Selbsthilfe und Selbstheilung zu leisten.

Für Heilung muss man sich entscheiden

Alle Heilung, unabhängig von der Methode, beruht auf Kooperation. Sogar die westliche allopathische Medizin – die Krankheiten mit Therapien und Medikamenten behandelt, die den Symptomen entgegenwirken – akzeptiert den Gedanken, dass der Patient bereit sein muss, selbst etwas für seine Gesundheit zu tun, damit etwas für seine Gesundheit getan werden kann.

Bei vielen Menschen ist der Glaube genährt worden, sie dürften alle Verantwortung für ihre Gesundheit in fremde Hände legen, normalerweise die einer medizinischen Autorität. Wir alle müssen einsehen, dass wir letztendlich selbst über jeden Aspekt unserer Gesundheitsfürsorge bestimmen. Wir haben das Kommando. Auf diese Weise werden wir unsere eigenen Herren; wir nehmen unser Geburtsrecht auf völlige Selbstbestimmung[2] in Anspruch. Über jede Weichenstellung in unserem Leben entscheiden wir selbst. Wir definieren und erschaffen unsere eigene Zukunft. Unsere Gesundheit – physisch, emotional, spirituell – ist Teil dieses Schöpfungsprozesses.

Es ist unsere Entscheidung, ob wir rauchen, trinken, Drogen nehmen, uns dauernd Sorgen machen oder in unserem Leben überflüssigen Stress oder unnötige Risiken zulassen. Jede Entscheidung für einen Lebensstil hat Konsequenzen, aber letztendlich entscheiden wir selbst. Im Allgemeinen wollen die Menschen von der Verantwortung für ihre Krankheiten nicht so viel wissen. Sie neigen dazu, diese Verantwortung lieber anderen zu überlassen, besonders einem Heiler wie mir. Jeder muss jedoch verstehen, dass letztendlich er oder sie selbst verantwortlich ist für die eigene Heilung. Wenn ein Mensch mir sagt, dass er seine Heilung in meine Hände legt, führe ich ein ernstes Gespräch mit ihm. Ich behandle niemanden, der den Partizipations-Charakter des Heilens nicht akzeptiert. Der Heiler bewirkt Heilung nicht direkt. Der Heiler schafft einfach eine effiziente Verbindung, um Heilung zu erleichtern. Wir treffen auch andere Entscheidungen, die unser Leben beeinflussen. Wir können es vorziehen, unsere Energiesysteme zu ignorieren, oder wir können uns Zeit nehmen, um sie zu verstehen. Ein Energiefluss nach einem gesunden Muster hilft jedem. Um das zu erreichen, sollte jede(r) versuchen, sein oder ihr Potenzial zu maximieren. Wenn Sie in Topform sind, wird die positive Energie Wellen der Heilung ausstrahlen, die alles und jeden beeinflussen, auch jenseits dessen, was Sie bewusst wahrnehmen.

Kapitel 1

Verantwortung übernehmen

Sie selbst sind das mächtigste Werkzeug zu Ihrer Heilung

ADAM

Wo liegen die umfangreichsten ungenutzten Reserven der modernen Medizin? In der Kraft jedes einzelnen Menschen, sich selbst zu heilen. Millionen Menschen legen die Verantwortung für ihre persönliche Gesundheitsfürsorge in die Hände von anderen. In vielen Fällen werden die tiefer liegenden Ursachen gar nicht angegangen. Ich fordere Sie dazu auf, selbst für Ihre Gesundheit zu sorgen. Sorgen Sie dafür, dass Sie einen gesunden Lebensstil wählen. Akzeptieren Sie, dass primär Sie selbst für die Erhaltung Ihrer Gesundheit verantwortlich sind. Schließlich hat ja niemand ein größeres Interesse an Ihrer Gesundheit als Sie selbst. Lernen Sie Ihren Körper kennen und wie Sie Krankheiten aus dem Weg gehen.

Ihre beste Verteidigung gegen Krankheit ist ein Immunsystem, das bestmöglich arbeitet. Was Sie denken, beeinflusst direkt die Schlagkraft Ihres Immunsystems. Recherchieren Sie dieses Thema, damit Sie fundierte Entscheidungen treffen können, was gut für Sie ist. Wenn Sie beispielsweise ein Problem mit der Bauchspeicheldrüse haben, besorgen Sie sich ein Anatomiebuch und lernen, wo sie sitzt, wie sie aussieht und wie sie funktioniert. Lernen Sie alles über die Bauchspeicheldrüse. Dieses Wissen können Sie dann nutzen, wenn Sie die in diesem Buch skizzierten Visualisierungen machen, wodurch sie einfacher und wirkungsvoller werden. Durchbrechen Sie alte Gewohnheiten mithilfe neuer Absichten. Gewohnheiten fungieren als Verhaltensverstärker. Sie können in positiver Weise unsere Entschlossenheit verstärken, aber durch negative Gedanken und Glaubenssätze Probleme auch intensivieren. Aufgrund ihres routinemäßigen Auftretens sind sie kontraproduktiv für jede positive Veränderung. Nur Sie selbst können sich verändern. Jeder echte und dauerhafte Wandel kommt von innen. Machen Sie sich klar, dass zunächst einmal Sie selbst es für möglich halten müssen, dass Ihr Wohlbefinden sich verbessert. Die folgenden drei Aussagen illustrieren die Stufen, die nötig sind, um das System Ihrer Glaubenssätze auf die Möglichkeiten der Selbstheilung einzustimmen.

1. Ich kann wieder gesund werden (möglich)
2. Ich werde wieder gesund sein (wahrscheinlich)
3. Ich bin wieder gesund (Wohlbefinden)

Gesundheit heißt auch, den eigenen Lebensstil sorgfältig zu untersuchen: Gewohnheiten, Einstellungen, Emotionen. Wer gesund werden möchte, muss den echten Wunsch haben, dieses Ziel auch zu erreichen.

Die Rolle der Gewohnheiten

Die Gewohnheiten eines Menschen tragen zu vielen Krankheiten bei. Der erste Schritt zur Heilung ist daher, die eigenen Gewohnheiten und Gepflogenheiten von einem unparteiischen, objektiven Standpunkt aus zu prüfen. Rufen Sie sich alles ins Gedächtnis, was Sie heute gemacht haben und was negative Auswirkungen auf Ihre Gesundheit gehabt haben könnte. Wenn Ihnen das schwer fällt, fragen Sie einen guten Freund oder einen Angehörigen, der Sie gut kennt. Bitten Sie diesen Menschen, Ihnen ehrlich seine Meinung darüber zu sagen, wie Sie Ihren Lebensstil verbessern könnten.

Ein unterschwelliger Negativfaktor im Lebensstil, z.B. Stress, kann schwerer zu erkennen sein als eine ganz offensichtlich schlechte Verhaltensweise wie etwa das Rauchen. Es kann sich nur positiv auswirken, den eigenen Lebensstil positiv zu verändern, daher sind Willenskraft und Disziplin, die nötigen Veränderungen zu treffen, ganz entscheidend.

Diese Vorgehensweise bei der Analyse des eigenen Lebensstils beinhaltet nicht nur, sich der negativen und problematischen Aspekte bewusst zu werden, sondern auch die Konzentration auf solche, die Ihr Leben positiv beeinflussen können. Lassen Sie jede Entscheidung zu einer gesunden Entscheidung werden. Bestimmen Sie, welche Gewohnheiten und Gepflogenheiten Sie ändern müssen, und ergreifen Sie die geeigneten Maßnahmen. Übernehmen Sie die Kontrolle über diese Macht, die Sie haben, jegliche ungesunde Gewohnheit zu ändern – und damit Ihr Leben. Das wäre sogar nur ein Bruchteil des ungeheuren Potenzials zur Selbstbestimmung, das Ihnen zur Verfügung steht.

Ich habe viele E-Mails von Hilfesuchenden mit Lungenkrankheiten bekommen und musste dann feststellen, dass sie immer noch rauchten. Wenn sie die Zigaretten nicht in den Müll werfen, haben sie dann überhaupt den ehrlichen Wunsch, gesund zu werden und sich zu heilen?

Es wäre unklug, wenn ich meine Zeit und Energie in den Versuch stecken würde, jemandem zu helfen, der sich gegen solche Veränderungen sträubt und mit einem Verhalten fortfährt, welches das Problem überhaupt erst verursacht oder zumindest dazu beigetragen hat. Der Wunsch, positive Schritte in Richtung Gesundheit zu unternehmen, ist derselbe Wunsch, der Sie befähigen wird, gesund zu werden. Der Heiler lenkt den Körper in Richtung Heilung – und Sie müssen in dieser Richtung weitergehen. Es ist Ihr Körper, also kümmern Sie sich um ihn. Letztendlich haben Sie das Kommando.

Die Rolle der Einstellungen

Der zweite Schritt in Richtung Heilung ist die Schaffung einer positiven sozialen Umgebung, die Ihre Heilungsfähigkeit unterstützt. Die Einstellungen Ihrer Mitmenschen haben immensen Einfluss auf Ihr Wohlbefinden. Deshalb müssen Sie nicht nur Ihre Gewohnheiten, Ihre Ernährung und Ihre Denkmuster ändern, sondern Sie müssen auch Ihre Mitmenschen beeinflussen, dass sie ihre Einstellung ändern und positiver denken. Wenn die Mitmenschen Ihre Bemühungen um eine gesündere Lebensweise bemerken, werden sie positive Gedanken ausstrahlen. Wenn Sie und alle Ihre Mitmenschen positiv denken, schaffen Sie eine perfekte Umgebung für die Gesundung und steigern die Effizienz des Heilungsprozesses. Wenn andererseits Ihre Mitmenschen immer negativ sind, dann stören und bremsen diese negativen Einstellungen Ihren positiven Heilungsprozess.

Seien Sie sich bewusst, welchen Einfluss die Gedanken und Einstellungen anderer Menschen auf Sie und Ihre Gesundheit haben. Machen Sie sich gedanklich Notizen, wann und in wessen Gesellschaft es Ihnen am besten geht. Letztendlich bestimmen Sie, welcher Energie Sie sich aussetzen. Sie sind nicht nur für Ihre eigenen Einstellungen verantwortlich, sondern auch für die, denen Sie Einfluss auf sich einräumen. Umgeben Sie sich mit positiv Gleichgesinnten.

Negativität ist das meistverbreitete Einstellungsproblem, mit dem die Menschen es heute zu tun haben. Hand in Hand mit ihrer körperlichen Genesung wird Ihre positive Sichtweise Sie leiten. Jeder muss die Schwierigkeiten der Vergangenheit hinter sich lassen. Vorbei ist vorbei; da lässt sich nichts ändern. Sie können nur die Gegenwart ändern, und das beeinflusst Ihre zukünftigen Möglichkeiten.

Stellen Sie sich zwei Patienten im Krankenhaus vor, die dieselbe Krankheit haben. Der eine glaubt, dass er in ein paar Tagen nach Hause darf, und denkt dementsprechend. Der andere glaubt, dass seine Krankheit nie mehr weggeht, und denkt, dass er das Krankenhaus wahrscheinlich nicht lebend verlassen wird. Wer von den beiden wird wohl schneller gesund? Natürlich der positiv Eingestellte. Wir haben alle in unserem Leben schon das Vergnügen gehabt, auf solche Menschen zu treffen, die voller positiver Erwartung jede Herausforderung annehmen. Und stellen Sie sich vor, ihnen widerfährt tatsächlich Gutes. Die Macht der Gedanken kann gar nicht hoch genug eingeschätzt werden.

Alle Gedanken und Absichten breiten sich im Universum aus. Alles ist mit allem verbunden, weil das Universum nur aus Energie besteht. Gedanken oder Absichten sind eine Form von Energie; deshalb breitet sich jede Ihrer Absichten ewig weiter aus und beeinflusst alles, was ihr begegnet. Das ist wie bei einer Welle im Teich. Jedes Molekül in diesem Teich wird zu einem gewissen Grad von der Welle beeinflusst.

Fangen Sie heute an, von diesem Tag an eine positive Sichtweise zu haben. Betrachten Sie das Glas als halb voll, nicht als halb leer. Es gibt immer Hoffnung, in jeder Situation. Seien Sie der Optimist. Diese positive Einstellung ist entscheidend für den Erfolg Ihrer Heilung.

Es ist eine enorme Hilfe, einen ständigen Begleiter zu haben, während man die Visualisierungen macht, die in den folgenden Kapiteln beschrieben sind. Wenn Sie eine bestimmte Absicht und Visualisierung mit einem vertrauten Menschen teilen, dann wird die Wirkung dieser Absicht außerordentlich verstärkt.

Kultivieren Sie schließlich eine offene geistige Einstellung. Viele Menschen sind skeptisch gegenüber dem, was sie mit ihren fünf Sinnen nicht wahrnehmen können. Ein beliebtes Kinderbuch sagt auf sehr weise Art, dass alles Wichtige mit dem Herzen gesehen werden kann und deshalb natürlich für das Auge unsichtbar ist.[3] Auf diese Weise müssen wir über unsere vertrauten Schemata hinausschauen und uns eine offene Einstellung gegenüber dem Unsichtbaren bewahren. Denken Sie immer daran, dass ein verschlossener Geist nur von innen her zugemacht werden kann. Daraus folgt, dass ein verschlossener Geist auch nur von innen her geöffnet werden kann.

Gesund zu sein beinhaltet eine offene, positive, verantwortungsvolle und kooperative Einstellung gegenüber dem eigenen Wohlbefinden. Die alte Geschichte vom Unterschied, ob man einem Menschen einen Fisch schenkt oder ihm das Fischen beibringt, erklärt sehr schön die Mitarbeit, die zu einer Heilung nötig ist: Gib einem Menschen einen Fisch, und er hat für einen Tag zu essen. Bring ihm das Fischen bei, und er kann sich den Rest seines Lebens selbst ernähren. Zeig ihm, wie man eine Angelrute macht, und er zeigt es seinen Kindern.

Einem Menschen einen Fisch zu geben ist dasselbe, wie wenn ein Heiler jemanden heilt, ohne dass der Betroffene irgendwie daran mitarbeitet. Die Erwartungen aufseiten des Betroffenen werden manchmal als „Zauberstab-Syndrom" bezeichnet: Es ist keinerlei Mitarbeit erforderlich. Es wird keine Veränderung des Lebensstils erwartet, und man muss auch nicht darüber nachdenken, wie es zu der Krankheit kam. Es entsteht eine völlig passive Beziehung. Der Heiler liefert alles Nötige, und der Betroffene gibt die Verantwortung für seine Gesundheit ab.

Um einem Menschen das Fischen beizubringen, erfordert dagegen Zusammenarbeit, so wie beim Heilen. Der Heiler gibt Anweisungen, wie jemand an seiner Heilung mitarbeiten kann.

Sowohl der Heiler wie auch der Betroffene sind sich darüber im Klaren, dass Heilung ein gemeinsamer Prozess ist. Die Aufgabe des Heilers ist, den Lebensstil, den Stress und die emotionalen Reaktionen zu untersuchen, die den Betroffenen in die aktuelle Situation gebracht haben, und die notwendigen Veränderungen vorzuschlagen, welche die gesundheitlichen Probleme beseitigen oder ihnen vorbeugen. Es wird davon ausgegangen, dass das eine Lebensaufgabe ist, die ständige Aufmerksamkeit erfordert, wenn eine dauerhafte Veränderung bewirkt werden soll. Eine kooperative Beziehung führt zu langfristiger Besserung.

Jemandem zu zeigen, wie man eine Angelrute macht, führt jedoch dazu, dass er ein Werkzeug fürs ganze Leben hat. Genauso bringt der Heiler dem Betroffenen den Ansatz der Selbstheilung und langfristigen Gesunderhaltung bei. Das Ergebnis für den Betroffenen ist ein Zustand umfassender Selbstbestimmung. Der Betroffene übernimmt komplett die Verantwortung, indem er seine eigene Angelrute, sprich Gesundheit, herstellt. Es hat ein kreativer Prozess stattgefunden.

Es wäre ideal, wenn die Menschen die Dynamik des Heilungsprozesses umfassend verstehen würden, weil sie dann für sich den Bauplan im Hinblick auf eine maximale Wirksamkeit verbessern könnten. Wir sollten wirklich alle verstehen, dass in jedem Einzelnen von uns die Fähigkeit steckt, die eigene Wirklichkeit neu zu erschaffen. Um zu dieser Fähigkeit Zugang zu bekommen, ist eine gewisse Fantasie und auf eigener Erfahrung beruhende Zuversicht nötig, dass das wirklich stimmt.

Wenn der Betroffene ein stabiles Verständnis davon gewinnt, wie Heilung vor sich geht, ist er fähig, das auch anderen zu vermitteln. Das sollte das letztendliche Ziel sowohl jedes Heilers wie auch jedes Betroffenen sein.

Die Rolle der Emotionen

Emotionale Probleme sind gewöhnlich sehr komplex und entwickeln sich in vielen Fällen zu körperlichen Problemen. Oft lassen wir uns unsere unbewussten Absichten und damit unsere Gesundheit von Emotionen diktieren. Wenn Sie es schaffen, Ihre Emotionen zu meistern, haben Sie die Kontrolle über Ihr Immunsystem und damit Ihre Gesundheit.

Um unsere Emotionen zu meistern, sollten wir üben, auf uns selbst zu hören, und so zu verstehen, wie wir ticken. Was könnte lohnender sein in diesem Leben, als für sich selbst eine tiefere Wertschätzung zu entwickeln? Anfangen können wir damit, dass wir uns bewusst werden, was bei uns die gewissen Knöpfe drückt. Welche Situationen machen uns zerstreut? Welche Eigenschaften von anderen treiben uns zum Wahnsinn? Was löst unsere positiven und negativen Reaktionen aus, die dann unseren Organismus mit Energie überschwemmen? Nur wenn wir verstehen, wie wir ticken, können wir damit beginnen, diese Reaktionen zu kontrollieren.

Es steht für alle Schulen der Medizin schon lange fest, dass die Emotionen die Schlagkraft des Immunsystems entscheidend beeinflussen. Hören Sie, was Sie zu sich selbst sagen; nehmen Sie wahr, was Ihr Kopf abspult. Wird es Ihnen gut tun, oder verstärkt es negative Tendenzen? Das Gute muss aufblühen können, so oft es geht. Was Sie nicht brauchen, darf keine Energie und keine Unterstützung von Ihnen bekommen. Sie brauchen es nicht, also werden Sie es los.

Stellen Sie sich vor, Sie räumen Ihr Zimmer auf und schmeißen alles alte, nutzlose Zeug weg – kaputte Sachen, irgendwelche Einzelteile von Dingen, an die Sie sich gar nicht mehr erinnern. Seien Sie gründlich und wählerisch. Behalten Sie nur, was Ihnen dabei hilft, das Ziel der Neu-Erschaffung einer positiven Realität zu erreichen.

Dieser Hausputz in Ihrer Vergangenheit ist notwendig, damit Sie verstehen, was Sie erlebt haben, wie Sie diese Erlebnisse interpretiert haben und um welches emotionale Gepäck Sie sich kümmern müssen. Es ist so ähnlich wie das Löschen aller Schrott-E-Mails auf Ihrem Computer. Wenn Sie das nicht regelmäßig machen, wird das gesamte System immer langsamer, weniger effizient und arbeitet schließlich nicht mehr richtig. Gewohnheitsmäßige emotionale Reaktionen sind schwer zu verändern. Ein einmal etabliertes Muster bildet eine Art Endlosschleife im Denken und spielt immer wieder demselben Kreislauf ab. Durchbrechen Sie das Muster und lassen Sie es hinter sich, denn es ist schädlich für Ihre Gesundheit. Machen Sie sich klar, dass Ihr Glück nicht von dem abhängt, was mit Ihnen und um Sie herum passiert, sondern wie Sie Dinge innerlich verarbeiten. Ihre Emotionen hängen von Ihren Gedanken ab, und die kontrollieren Sie.

Man lernt nie aus. Welches Ziel könnte größer sein, als in diesem jetzigen Leben so viel wie möglich über sich zu lernen? Indem wir lernen, wie wir auf verschiedene Situationen reagieren, entwickeln wir auch die Fähigkeit, mit anderen auf eine sinnerfülltere und mitfühlendere Weise umzugehen. Diese neue Ebene der Bewusstheit sendet Wellen positiver Energie aus. Unsere Vorstellung eines Selbst oder „Ich" findet mehr Anschluss an alles und jeden um uns herum. Wenn die Energie eines Menschen mehr ins Gleichgewicht kommt, beeinflusst das letztendlich uns alle.

Kapitel 2

Die lebendige Aura

Der harmonische Fluss unserer Energie prägt unsere gesundheitliche Struktur.

ADAM

Jeder lebende Organismus strahlt ein Energiefeld aus, das viele Menschen als Licht wahrnehmen können. Dieses Energiefeld wird gewöhnlich als Aura bezeichnet. Die Aura ist ein Spiegelbild der Intentionen des Organismus und seiner physischen und emotionalen Struktur. Diese Aura umgibt alles Lebendige. Wie es aussieht, beeinflusst die physische Struktur des Organismus die Art und Weise, wie die Energie fließt. Die Aura einer Pflanze wirkt farblos und wie das Wabern heißer Luft über einer sommerheißen Straße. Bei Menschen sieht die Aura aus wie eine Blase sich drehender, farbiger Wellen.

Ich weiß, dass viele die angeborene Fähigkeit haben, die Aura zu sehen, denn wenn ich bei einem Baby bin und meine verändere – indem ich sie beispielsweise über meinen Kopf projiziere –, dann folgt das Baby ihr meistens mit den Augen. Aber diese Fähigkeit wird mit zunehmendem Alter verschüttet. Sie ist in der westlichen Kultur verpönt, deshalb geht sie, durch Vernachlässigung oder absichtliche Missachtung, mit der Zeit verloren. Mit ein bisschen Übung können wir uns die Fähigkeit, die Aura zu sehen, wieder erarbeiten.

Die Aura eines Menschen ist wie ein Fingerabdruck oder ein genetisches Merkmal, das ein bestimmtes Individuum unverwechselbar kennzeichnet. Zwillinge können genetisch identisch sein, aber ihre Auras sehen völlig unterschiedlich aus. Keine Aura ist wie die andere. Sie unterscheiden sich in Farbe, Intensität, Größe und Form. Es sieht so aus, als würden Emotionen die Farbe einer Aura verändern. Die Leute wollen immer wissen, welche Farbe ihre Aura hat. Ich sehe aber keinen Sinn darin, die Farben einer Aura zu beurteilen nach dem Motto „Rot bedeutet dies und Blau bedeutet das". Der wichtige Gesichtspunkt liegt im dynamischen, harmonischen Fluss der Energie.

Die Aura eines gesunden Körpers

Wenn ein Mensch physisch bei guter Gesundheit ist, sieht seine Aura aus wie ein Meer von Farben, die den Körper umfließen; Farben durchfließen harmonisch die ganze Aura und gehen sanft ineinander über. Die Art und Weise, wie die Energie eines Menschen innerhalb und außerhalb seines Körpers fließt, ist ein unverwechselbares Merkmal dieses Individuums. Manche Menschen umfließt ganz nah am Körper eine durchscheinende Energie. Bei anderen gibt es eine zweite, leuchtendere Schicht, wo farbige Energie kreist. Manche Menschen haben jede Menge Farbe in ihrer Aura, andere sehr wenig. Bei einem reicht die Aura weit über den physischen Körper hinaus, beim anderen kaum. Die Aura ein und desselben Menschen kann in verschiedenen Situationen sehr verschieden aussehen, je nach Grad der emotionalen Stressbelastung z.B.

Diese Beobachtungen haben mir gezeigt, dass der wichtigste Gesichtspunkt ist, wie die Aura eines Menschen fließt. Der harmonische Fluss unserer Energie bestimmt unsere

Gesundheit. Das Tropfbild eines Jackson Pollock kann genau dieselben Farben und Materialien enthalten wie die Mona Lisa; der Unterschied liegt in der Struktur, welche die Materialien bekommen. Die Symphonie, die von einem Orchester gerade erst geprobt wird, kann dieselben Noten enthalten wie bei ihrer perfekten Darbietung; der Unterschied liegt darin, wie die Noten gespielt werden. Harmonie oder Kohärenz ist es in diesen Beispielen, was Chaos von Ordnung unterscheidet. Wenn ein Problem sich zu entwickeln beginnt, verliert die Energie diese Harmonie. In der Problemzone stagniert die Energie in der Aura. Alle Zellen im Körper eines Menschen arbeiten im Einklang und stehen in gegenseitiger Verbindung; deshalb beeinflusst eine Veränderung in einer Zelle alle anderen.

Niemand hat einen vollkommen gesunden Körper. Wir alle haben etwas, das in unserer Aura als Bruch sichtbar wird, ob das nun eine alte Verletzung ist, akute Beschwerden oder ein Problem, das sich gerade anbahnt. Die Wiederherstellung des harmonischen Flusses ist für uns alle ein Ziel, auf das wir hinarbeiten können. Viele Menschen sind fähig, die Aura mehr oder weniger intensiv zu sehen, und können leicht feststellen, wo im Körper es ein Problem gibt.

Die äußere Aura-Ansicht des physischen Körpers gibt mir einen Überblick und gute Hinweise auf die generellen Probleme eines Organismus'. Wenn das Problem tiefer im Körper verborgen liegt, muss ich die inneren Energien des Körpers sehen können, damit dauerhafte Veränderung bewirkt werden kann. Das tue ich, indem ich mich auf das Quanten-Hologramm dieses Menschen einstimme.

Um die Quantenphysik zu verstehen, müssen Sie sich mit ein paar Grundideen der Quantenwelt vertraut machen. In der Welt der Elementarteilchen kann ein Quantenobjekt, beispielsweise ein Elektron, gleichzeitig an mehreren Orten existieren. Bis wir es tatsächlich als ein Teilchen beobachten, verhält es sich nicht gemäß unserem Bild der Raum-Zeit-

Realität. Es bewegt sich scheinbar von einem Ort zum anderen, ohne sich doch wirklich zu bewegen. Statt einer Bewegung, wie wir sie kennen, ist es eher ein Prozess des Verschwindens an einem und des Auftauchens an einem anderen Ort. Das wird als Quantensprung bezeichnet.

Die Quantenphysik erklärt auch, wie die holografische Information eines Menschen von jedem Ort aus zugänglich und beeinflussbar wird, so dass die Entfernung keine Rolle spielt und Fernheilung möglich wird. Informationen über alles und jeden sind miteinander verflochten oder verbunden. Auf der subatomaren Ebene beeinflusst ein Quantenobjekt augenblicklich ein mit ihm verbundenes Zwillingsobjekt, ganz gleich, wie weit sie voneinander entfernt sind. Dies wird auch Quanten-Fernwirkung genannt und ist die Basis „nicht-lokaler" Phänomene, darunter auch der Fernheilung. Dies wird von Physikern schon jahrzehntelang geschildert – es ist längst keine bloße Theorie mehr.

Jedes physische Objekt strahlt sein eigenes Quanten-Hologramm ab, also Information, die alle Daten der Vergangenheit, Gegenwart und Zukunft enthält. Alle Teilchen sind fundamental mit allen anderen Teilchen verbunden. Ich betrachte dieses Feld der Quanteninformation als Gewebe oder Netz von Bahnen, die alles mit allem verbinden. Und dazu habe ich Zugang, wenn ich jemanden mit Energie heile.

Während einer Behandlung projiziere ich holografische Bilder vor mich. Wenn der oder die Betreffende physisch nicht anwesend ist, benutze ich ein Foto, um eine Verbindung herzustellen. Hologramme sind visuelle Wegweiser, eine Art dreidimensionaler Karte, die vor mir entsteht, wenn ich mir für eine Behandlung jemanden anschaue. Alle Informationen des Körpers sind auf diese Weise verfügbar. Auf Grundlage dieses Quanten-Informationsfeldes kann ich dann Nahaufnahmen auswählen, daraus spezifische Informationen beziehen und sie als Hologramm projizieren.

Wenn ich in jemanden hineingehe und ihr oder sein Hologramm erschließe, kann ich mich im Endeffekt auf verschiedene Ebenen von Informationen einstimmen. Es ist ein bisschen wie das Umschalten beim Fernseher. Mein Geist fungiert als Fernbedienung, die sich auf einen anderen Frequenzbereich abstimmt und mir damit andere holografische Bilder der gesundheitlichen Daten eines Menschen liefert. Diese Ebenen von Information erschließen sich mir visuell. Beispielsweise bin ich fähig, neben den Organen auch die Nerven-, Muskel-, Skelett- sowie Energiesysteme zu sehen. Die Auswahl des jeweiligen Körpersystems ist wie der Blick auf einen Computer-Bildschirm. Mein Gedanke oder meine Intention ist wie ein Mausklick, der mir die nötigen Informationen liefert.

Wenn diese holografischen Informationen vor mir auftauchen, kann ich die Energie lenken, so dass der/die Betreffende den Rückweg zu einem gesunden Zustand findet. Menschen, die mir dabei zugeschaut haben, haben mir gesagt, es sehe aus, wie wenn ich ein Orchester dirigierte. Meine Arme und Hände wedeln durch die Luft, und meine Finger sind flink dabei, die Energie anders einzustellen. Der Betrachter sieht fesselnde, nach einem bestimmten Muster fließende Gesten, die lichterloh tanzen wie Flammen. Durch meine Intention, zu heilen, liefere ich dem Menschen, den ich heile, Information. Das geschieht, indem ich mit dem Körper dieses Menschen in Resonanz stehe. Das heißt, wir sind auf dieselbe Frequenz eingestimmt.

Auf diese Weise interagiert der Körper des Betreffenden mit mir und tauscht mit mir Informationen aus. Das regt den Betreffenden an, seinen oder ihren Gesundheitszustand energetisch zu verändern, was sich wiederum in seinem Hologramm spiegelt, indem die Intentionen die Gestalt der Aura verändern. Normalerweise sehe ich, wie diese Veränderung einsetzt. Der Körper jedes Menschen weiß den Weg zurück zur Gesundheit; er braucht ein bisschen Führung. Die spezifischen Veränderungen am Energiesystem helfen dem Körper, dies zu erreichen.

Sie können sich diesen Prozess auch so vorstellen, als würde ein Architekt die Blaupausen einer geplanten Renovierung anschauen. Das existierende Gebäude steht physisch vor ihnen. Die Vision der Zukunft oder Ihr Ziel bzw. Plan ist etwas, was Sie vor Ihrem geistigen Auge visualisieren müssen. Jede zukünftige Form ist in der Blaupause sichtbar.

Während einer Behandlung stelle ich den Energiefluss im Hologramm in Übereinstimmung mit dem optimalen Zustand des Körpers neu ein. Jedes Stadium zwischen der Vision des perfekten Endergebnisses und dem aktuellen Gesundheitszustand benötigt Zeit und eine solche Neuanpassung. Wie bei einer Renovierung muss das Problem beseitigt werden. Am wichtigsten ist, dass sowohl der Heiler als auch Sie die Vision des angestrebten Endergebnisses geistig im Auge behalten.

Nicht alle holografischen Bilder, die ich sehe, sind im Hinblick auf ein bestimmtes Problem gleich nützlich, so wie die eine Blaupause bestimmte Details klarer wiedergibt als die andere. Um bestimmte Informationen zu erschließen, ist eine Blaupause der Elektrik nötig, während für andere Fragen der Grundriss besser ist. Für die komplette Renovierung werden alle benötigt.

Die Aura der Krankheit

Wenn jemand verletzt oder krank ist, dann sehe ich das Problem als verschiedene Abstufungen grüner Energie im Körper. Diese träge Energie hat die Orientierung verloren. Ich bezeichne diese Bereiche als Energieblockaden. Mit verschiedenen Visualisierungstechniken kann ich diese Energieblockaden eliminieren und den Körper in einen gesunden Zustand zurückführen. Während ich das mache, liefert mir meine Intuition meistens auch weiterführende Hinweise, die mir helfen können, die Energie des Betreffenden effizienter neu abzustimmen, so dass sie wiederum effizienter fließen kann.

Viele Krankheiten haben ein spezifisches Erscheinungsbild, eine Signatur, die sie kennzeichnet. Fibromyalgie und chronische Erschöpfung zeigen sich als Überempfindlichkeit der Nervenenden, also nutze ich das Hologramm des Nervensystems, um sie zu untersuchen. Multiple Sklerose sieht aus wie grüne Sandkörner, die von der Basis der Wirbelsäule aufsteigen und sich im Gehirn sammeln. Kranke Organe sind von einem wolkigen Ring umgeben. Bei Krebs sieht man ein ganz einzigartiges, strahlend grünes Leuchten. Mit zunehmender Erfahrung lerne ich, wie ich diese Energiearbeit effizienter und wirkungsvoller durchführen kann. Jede Heilung ist Teil eines ständigen Lernprozesses.

Die Auren, die ich im Gedränge der Flure in meiner High School sah, waren niederschmetternd. Manchmal musste mich meine Freundin an der Hand nehmen, weil die Auren mir die Sicht nahmen. Es war schwierig für mich, noch etwas zu sehen, während ich den Weg durch den Flur suchte. Aus diesem Grund entschied ich mich ganz bewusst dafür, die Auren „leiser zu drehen", weil sie mir viel mehr Informationen lieferten, als ich verarbeiten konnte.

Wieder einmal war es eine verblüffende Lernerfahrung für mich, etwas Neues auszuprobieren. Nachdem ich die Intensität der Auren, die ich sah, absichtlich heruntergedreht hatte, entdeckte ich, dass ich viel mehr intuitive Informationen erhielt als vorher. Das erspart mir im Grunde einen Arbeitsschritt, weil ich keine visuellen Daten mehr interpretieren muss, die ich in Form einer Aura erhalte. Ich kann diesen Schritt auslassen und die Information direkt erschließen.

Unsere Gesundheit ist wie eine Sprungfeder. Wenn Sie die Sprungfeder auseinander ziehen und dann loslassen, kehrt sie in ihre ursprüngliche Form zurück. Sie ist ziemlich flexibel und hält einiges aus. Wenn Sie allerdings zu oft ziehen, bleibt die Feder irgendwann in ihrer überdehnten Form. Unser Ziel sollte es sein, die Feder so selten wie möglich auseinander zu ziehen.

Wenn wir für unsere Gesundheit sorgen, laufen wir keine Gefahr, uns über unsere Grenzen hinaus überzustrapazieren und nicht mehr in den gesunden Zustand zurückzuschnellen. Es folgen fünf Hauptaspekte zum Thema Aura:

- Eine Aura ist fließende Energie und ändert ständig ihre Farbe.
- Jedes Lebewesen hat eine einzigartige Aura.
- Die Intensität der Aura ist von Mensch zu Mensch verschieden.
- Eine Verletzung oder Krankheit zeigt sich als Bruch in der Aura.
- Bei vollkommener Gesundheit leuchten die Farben der Aura und ihr „Fluss" ist frei und harmonisch.

Energie-Übungen

Die folgenden Übungen werden Ihnen helfen, Ihre Energie spüren und sehen zu lernen und dann universelle Energie in Ihren Körper zu lenken.

I. Fühlen Sie Ihre Energie

1. Reiben Sie in kreisenden Bewegungen Ihre Handflächen. Spüren Sie, wie es warm wird. Dies ist Ihre Energie.
2. Nun halten Sie Ihre Handflächen etwa fünf Zentimeter auseinander. Drücken Sie sie gegeneinander, ohne sie zu bewegen. Das heißt, stellen Sie sich vor, Ihre Handflächen gegeneinander zu drücken. Spüren Sie den Widerstand, ähnlich dem zweier Magnete, die sich abstoßen.

3. Verringern und vergrößern Sie die Distanz der Handflächen und spüren Sie denselben Widerstand.
4. Entfernen Sie die Handflächen voneinander und bestimmen Sie die Grenze, wo Sie Ihre Energie noch spüren. Mit etwas Übung können Sie, indem Sie für die Energie sensibler werden, diese Entfernung steigern. Abbildung 1 stellt sowohl die Energie um Ihre Hände herum dar als auch den Widerstand, den Sie bei dieser Übung spüren sollten.

II. Sehen Sie Ihre Energie

1. Halten Sie vor einem dunklen Hintergrund Ihre Hände so vor sich, dass die Fingerspitzen ungefähr fünf Zentimeter voneinander entfernt gegeneinander gerichtet sind (Abbildung 2).
2. Bewegen Sie Ihre Finger langsam auf und ab sowie aufeinander zu und wieder auseinander. Denken Sie, wie die Energie von einer Fingerspitze zur anderen fließt. Sie werden in einer schwachen Linie eine Energiebewegung zwischen ihnen sehen. Dies kann zuerst auch wie eine Art dunstiger Schleier aussehen.

Machen Sie diese Übung vor verschiedenfarbigen Hintergründen. Mit zunehmender Übung wird der Energiefluss klarer umrissen erscheinen.

III. Universelle Energie in den Körper lenken

1. Stellen Sie sich vor, dass die gesamte Energie des Universums über Ihrem Kopf kreist und Ihnen zur Verfügung steht.
2. Ziehen Sie Energie durch Ihren Scheitel herein und sammeln Sie sie in Ihrer Herzgegend.

3. Senden Sie die Energie aus der Herzgegend den rechten Arm hinunter, durch die Fingerspitzen der rechten Hand in die Fingerspitzen der linken Hand und wieder hoch durch Ihren linken Arm hin zum Herzen.
4. Stellen Sie sich diesen Fluss als Energie-Ringleitung vor: vom Herzen in den rechten Arm, die rechte Hand, die rechten Fingerspitzen, von da in die linken Fingerspitzen, den linken Arm und zum Herzen.

Zuerst sehen Sie vielleicht nur eine schwache Linie. Sie werden überrascht sein, wie schnell Sie mit zunehmender Übung einen klar umrissenen Energiefluss sehen (Abbildung 3).

IV. Die Aura eines Menschen sehen

Schauen Sie an dem Menschen vorbei, dessen Aura Sie sehen wollen. Fixieren Sie einen Bereich etwa fünf Zentimeter oberhalb des Kopfes oder der Schultern (Abbildung 4).

Zuerst sehen Sie vielleicht eine schwach schimmernde Aura, ähnlich der in Abbildung 5. Die Aura wirkt vielleicht wie eine schwache Ausstrahlung um materielle Objekte herum. Manche erinnert das an das Wabern heißer Luft, andere an Dunst oder Nebel. Wahrscheinlich ist es viel einfacher, die Aura zu sehen, wenn Sie mit einer der in diesem Buch beschriebenen Visualisierungen eine Behandlung gemacht haben. Wohl nur wenige Menschen sehen die Aura in der Farbintensität, wie sie Abbildung 6 zeigt, aber mit zunehmender Übung dürften Sie die klar umrissenen, fließenden Farben sehen. Immer weiter üben!

V. Gesamtbild des Energieflusses

Ein Körper ohne Verletzung oder Krankheit hätte einen harmonischen Energiefluss. Ein Körper, in dem eine Verletzung oder

Krankheit sich entwickelt, hat Energie, die ihre Richtung oder Orientierung verliert. Ein Körper mit einer voll entwickelten Verletzung oder Krankheit zeigt einen Bruch im Energiefluss, wie in Abbildung 7 dargestellt, und findet den Weg zurück zu einem harmonischen Energiefluss und zur Gesundheit nicht mehr. Hier ist eine fortgeschrittene Übung zur Wahrnehmung des Energieflusses; behalten Sie sie als langfristiges Ziel im Hinterkopf.

1. Stellen Sie sich vor einen Ganzkörperspiegel.
2. Entspannen Sie Ihren Blick.
3. Üben Sie, Ihren Energiefluss zu sehen und zu fühlen.

Versuchen Sie das sowohl im Hellen als auch im Dunkeln. Sie können diese Übung auch mit einer anderen Person machen und dabei üben, den Energiefluss des Gegenübers zu sehen. Zunächst werden Sie sich wohl primär von Ihrer Intuition leiten lassen – Sie fühlen die Energie. Bald werden Sie sie auch sehen können. In dem Maße, wie Sie diese Fähigkeit entwickeln, werden Sie entdecken, dass Ihr intuitives Gespür und Ihre heilenden Fähigkeiten wachsen. Vertrauen Sie darauf, dass Sie es können.

Was erleben Sie, wenn Sie mit dem Hologramm eines anderen Menschen Kontakt aufnehmen?
Um mit einem Menschen Kontakt aufzunehmen, schaue ich mir ein Foto von ihm oder ihr an und nehme dann über die Augen rasch Verbindung auf. Der ganze Raum, in dem ich bin, wird dunkel, und ich sehe dreidimensionale Bilder der betreffenden Person, die vor mir wie Informationstafeln ausgebreitet sind. Während ich mit jemandem in Verbindung stehe, sammle ich auch jede Menge intuitive Information. Beispielsweise ist mir die Einstellung eines Menschen, die auf seinem Glaubenssystem beruht, oft eindringlich bewusst. Ich spüre, ob ein Mensch ernsthaft daran interessiert ist, es mit dieser

Behandlungsform zu versuchen. Ich habe einfach ein starkes Gefühl, es zu wissen, das aber nicht unbedingt von etwas herkommt, was ich gesehen habe. Ich habe auch ein tiefes Gefühl gegenseitiger Verbundenheit.

Wie erklären Sie die Vorstellung, dass bei der Fernheilung die Entfernung keine Rolle spielt?
Vielen fällt es sehr schwer zu akzeptieren, dass die Gesundheit eines Menschen auch aus der Ferne beeinflusst werden kann. Aber ich heile durch meine Intention, und die kann durch keine Entfernung eingeschränkt werden. Die Wissenschaft hat viele stichhaltige Erklärungen für unsere wechselseitige Verbundenheit und wie die Intentionen des einen den anderen unmittelbar beeinflussen, ganz gleich, welche Entfernung zwischen ihnen liegt. In der Quantenphysik wird dies hauptsächlich durch das Phänomen der Quanten-Nichtlokalität erklärt, bei dem eine Einwirkung auf ein Objekt augenblicklich auch das korrelierende Gegenstück verändert, unabhängig von der Entfernung.

Viele können akzeptieren, dass ein Mensch geheilt werden kann, wenn der Heiler in Reichweite ist, verstehen aber nicht, wie das aus größerer Entfernung gehen soll. Es gibt keine Entfernung, ab der das Heilen unwirksam wird. Die Vorstellung, dass die Entfernung eine Rolle spielt, ist einfach ein Paradigma, das aus dem alltäglichen Leben in einer Realität herrührt, die sich entsprechend der Newtonschen Physik verhält. Bei der Fernheilung operieren wir jenseits der materiellen Einschränkungen, die ein Objekt als entweder „hier" *oder* „dort" im Raum oder in der Zeit befindlich ansehen. Information ist zu jeder Zeit und an jedem Ort gleichzeitig verfügbar.

KAPITEL 3

Der Geist-Körper-Zusammenhang

Das Unbewusste wird geprägt durch das, was wir uns selbst vorsagen.

ADAM

Das Immunsystem

Die meisten Menschen halten die Psyche[4] und das Immunsystem für zwei verschiedene Bereiche. Doch Sie sind mit einer eingebauten Verbindung zwischen Psyche und Immunsystem geboren worden, einem natürlichen Selbstverteidigungsmechanismus. Die Psyche beeinflusst direkt das Immunsystem. Die Psyche ist die Kommandozentrale. Abbildung 8 zeigt, wie beides zusammenhängt. Wenn die Psyche hilfreiche Signale schickt, die das ordentliche Funktionieren des Immunsystems unterstützen, unterstützt wiederum das Immunsystem das gesündere Funktionieren der Psyche. Deshalb ist es wichtig, den in Abbildung 8 gezeigten Zusammenhang immer im Hinterkopf zu behalten.

Wenn Sie sich verletzen, lenkt Ihre Psyche das Immunsystem unbewusst in Richtung Heilung des verletzten Bereiches. Das Immunsystem antwortet, indem es da, wo sie nötig sind, verschiedene chemische Reaktionen startet. Sie müssen z.B. nicht darüber nachdenken, wie Sie einen Schnitt im Finger heilen. Die Heilung erfolgt automatisch.

Ihr Ziel bei der Selbstheilung ist es, diese Ebene der Kontrolle über das Immunsystem ganz bewusst zu erreichen. Diese Fähigkeit haben wir alle und können lernen, sie bei gravierenderen Problemen bewusst zu lenken. Eine zunehmende Zahl medizinischer Studien bestätigt die Fähigkeit der Psyche, das Immunsystem zu kontrollieren. Hier liegt der Schlüssel zum Prozess der Selbstheilung und zur Maximierung ihrer Wirkung.

Von der Zeugung bis zur Geburt hatte jeder von uns eine lebenswichtige Beziehung zu einem anderen Wesen, da wir alle im Mutterleib das zum Leben Notwendige mit der Mutter teilten. Diese Verbundenheit war unsere erste Erfahrung des völligen Einsseins mit einer anderen physischen Person, bei dem jeder Atemzug, jeder Bissen und jedes Gefühl geteilt wird. Wenn ich schwangere Frauen anschaue, sehe ich, wie das Baby auf das Energiemuster der Mutter reagiert. Eine zufriedene Mama lässt harmonische, gesunde Energie zu ihrem Baby fließen. Eine zufriedene Mama ist ein zufriedenes Baby.

Kinder wahrnehmen

Bei der Geburt ist unser eigener Geist-Körper-Zusammenhang vollständig. Jede Zelle versteht ihre Verbindung zu jeder anderen Zelle, und sie alle funktionieren als Einheit.

Es ist bekannt, dass ein Salamander die Fähigkeit hat, ein abgetrenntes Körperteil zu regenerieren. Vielen jedoch nicht bekannt ist die medizinische Tatsache, dass der Mensch bis zum Alter von etwa zwölf Jahren eine ähnliche Fähigkeit hat. Wenn ein Kind eine Fingerkuppe verliert, regeneriert sich das fehlende Stück binnen neunzig Tagen. Die energetischen Muster unserer DNS werden aktiv, um das fehlende Stück nachzubauen. Was noch viel erstaunlicher ist: Es gibt keine wissenschaftliche Erklärung dafür. Es wäre sicher lohnend, diesem Phänomen einmal aufmerksam nachzugehen.

Wir wissen allerdings, dass die genetische Erinnerung an den kompletten Finger in unserem Energiefeld offensichtlich noch existiert. Wie kommt es, dass Kinder bis zum Alter von etwa zwölf Jahren realen Zugang dazu haben und diese Fähigkeit dann verschwindet? Ein Grund liegt vielleicht darin, dass die Grenzen zwischen „möglich" und „unmöglich" bei Kindern noch nicht so klar definiert sind. Für sie sind mediale und mystische Erfahrungen, außersinnliche Wahrnehmung und Aurasehen alltägliche Ereignisse. Man spricht nur einfach nicht über diese Phänomene.

Ich hatte das Vergnügen, beim „International Healing Gathering" (Internationales Heiler-Treffen) im kanadischen Saskatchewan mit Kindern ein paar Workshops zu machen. Die meisten waren indianischer Abstammung und erkannten aufgrund ihrer Kultur unsere energetische Verbindung. Alle waren jünger als achtzehn Jahre. Als ich demonstrierte, wie man Energie wahrnimmt, konnten alle sie sofort sehen. Ein Jugendlicher rief aus: „Ach so, das!" Die anderen nickten beifällig. Man hatte ihnen noch nicht gesagt, dass es unmöglich sei, Energie zu sehen. Sie nahmen alle Ereignisse immer noch gleich ernst.

Im Lauf der Zeit wird uns dieser offene Geisteszustand grenzenloser Zuversicht abgewöhnt. Energie zu sehen, ist jenseits der Grenzen eines akzeptablen Realitätsverständnisses, wird abgetan und totgeschwiegen. Wir bekommen zu hören, dass solche unrealistischen Science-Fiction-Träume in einen Bereich gehören, der nichts mit dem „normalen Leben" zu tun hat.

Nichts ist Kindern im Leben wichtiger, als alles ganz auszukosten. Mit Spannung erwarten sie jeden neuen Tag und platzen vor Selbstvertrauen und der Bereitschaft, Neues zu lernen. Wenn wir älter werden, machen wir uns die kulturelle Prägung zu eigen, wir seien von allen und allem anderen in der physischen Welt getrennt. Unsere „Ich"-Ideen entwickeln sich. Wir lernen einen Komplex von Vorstellungen über unsere Psyche und einen anderen über unseren Körper. Von der Psyche wird erwartet, dass sie in der Schule gute Lernleistungen erbringt. Vom Körper wird erwartet, dass er unabhängig von der Psyche groß und stark wird.

Bevor ich in die Schule kam, dachte ich, ich sei ein Künstler. Dann begegnete ich anderen Kindern, deren Kritzeleien aussahen wie richtige Comic-Zeichnungen. Mein Glaube an meine künstlerischen Fähigkeiten schwand jäh dahin. Diese Erschütterung des Selbstvertrauens hat jeder irgendwann einmal erlebt. Es ist lebenswichtig, dass wir es zurückgewinnen.

In der Schule und in der Freizeit konkurrieren wir miteinander geistig (beim Lernen) oder physisch (beim Sport). Unter diesen Vorgaben lernen wir, uns selbst zu betrachten und wie andere uns einstufen. Unsere Charakterzüge werden unser Erkennungsmerkmal und unser Etikett: Der Läufer, der Streber, der Eigenbrötler, der Siegertyp.

Das Selbst ganz werden lassen

Die Gesellschaft hat jedem von uns deutlich spürbare, jedoch künstliche Grenzen auferlegt. Die Zersplitterung des Selbst kann rückgängig gemacht werden, so dass wir wieder als ganzheitliche Wesen funktionieren. In Wirklichkeit sind wir eins mit uns und eins mit allem. Unser Bewusstsein und das universelle Bewusstsein hängen zusammen und tauschen ständig Informationen aus. Irgendwann wird eine so offensichtliche Wahrheit nicht mehr als bloße persönliche Überzeugung gelten, sondern allgemein akzeptiert sein.

Unbewusste und bewusste Gedanken sollten zusammen auf das gemeinsame Ziel Gesundheit hinarbeiten. Das Unbewusste wird geprägt durch das, was wir uns selbst vorsagen und was wir physisch tun. Es sollte auf das Ziel maximaler Gesundheit fokussiert sein, und diese Fokussierung muss verstärkt werden. Unsere unbewussten Gedanken und unterschwelligen Selbstgespräche spielen eine wichtige Rolle für unsere Gesundheit und sollten mit dem bewussten Denken in Einklang gebracht werden. Das bewusste Denken beeinflusst das unbewusste Denken, und das unbewusste Denken ist eins mit dem Immunsystem. Daraus ergibt sich, dass Ihre bewussten Intentionen einen Einfluss auf Ihr Immunsystem haben.

Der wirkungsvollste Weg, das Immunsystem durch die Psyche zu lenken, ist das Visualisieren im Schlaf- oder schlafnahen Zustand. Wenn Sie schlafen oder in einem entspannten oder meditativen Zustand sind, sind Sie Ihrem Immunsystem am nächsten.

Im Wachzustand sollten Sie dafür sorgen, dass Sie ständig positive Gedanken für sich selbst und andere verstärken – auch für Ihr zukünftiges Selbst, das Sie ja gerade aktiv neu erfinden. Betrachten Sie diesen Prozess wie das Jäten im Garten: Sie behalten nur, was Ihnen hilft. Wenn das gedeiht, was Sie brauchen, ist für das Unnötige kein Platz mehr.

Wenn ich mich auf das Energiesystem eines Menschen einlasse, schwinge ich in der Frequenz, die dieser Mensch in seinem unbewussten heilenden Zustand hat. Das gibt meinen Behandlungen normalerweise eine sehr starke Wirkung auf das Immunsystem des Betreffenden. Dasselbe können Sie in Ihrem Körper tun, wenn Sie das wichtige Bindeglied zwischen Ihrem Immunsystem und Ihrer Psyche verstehen und begreifen, wie es als ein zusammenhängendes Ganzes funktioniert. Sie haben völlige Kontrolle über Ihre bewussten und sogar Ihre unbewussten Gedanken. Daher haben Sie auch völlige Kontrolle über Ihr Immunsystem und damit Ihre Gesundheit.

Dieses Denken fordert von den meisten von uns einen Paradigmenwechsel. Nicht nur, dass für die westliche (allopathische) Medizin der Körper von der Psyche und dem Geist getrennt ist, sie trennt den Körper auch in seine anatomischen Teile auf und widmet jedem dieser Teile ein eigenes Fachgebiet. Vom Energiekörper weiß man nichts oder wenig. Jeder Erwachsene muss neu lernen, was er oder sie als Kind einmal wusste, aber seither vergessen hat. Kinder sehen die Menschen als energetische Wesen an und als *ganze* Wesen statt als Summe von Einzelteilen. Diese Philosophie oder Vision ist der Schlüssel zu unserer Gesundheit. Wir besitzen diesen Schlüssel. Nehmen Sie ihn in die Hand. Probieren Sie ihn aus. Freuen Sie sich darüber. Machen Sie sich mit Ihrer neuen Sichtweise der Heilung auf den Weg.

Warum, denken Sie, fällt es so vielen Menschen in unserer Gesellschaft schwer, Energiebehandlungen zu akzeptieren?
Wir werden vom frühesten Alter an erzogen, nur zu glauben, was wir sehen. Das läuft darauf hinaus, dass alles verworfen und ignoriert wird, was außerhalb des Bereichs unserer fünf Sinne liegt. Unser energetisches Selbst und seine Behandlung stellt in Frage, was uns beigebracht worden ist.

Die Naturwissenschaft hat hier ein bisschen Spielraum, da die meisten akzeptieren, dass man vieles mit technischen Mitteln beobachten und messen kann, was mit dem bloßen Auge nicht sichtbar ist. Die Pioniere der Wissenschaft, die zuerst nach diesen unsichtbaren Dingen suchten, wurden angezweifelt – Louis Pasteur, Madame Curie und Nikola Tesla, um nur einige zu nennen. Diese Wissenschaftler riskierten nicht nur ihren Ruf, sondern brachten, um die Wissenschaft voranzubringen, durch ihre Experimente sich selbst in Gefahr.

Wir müssen akzeptieren, dass jenseits von dem, was unsere fünf Sinne registrieren können, noch vieles existiert. Versuchen Sie, mit Ihrem Herzen zu sehen und mit Ihren Augen zu fühlen. Es wird Sie überraschen, was man dabei lernen kann.

*Wie kann man sich selbst bei
der Psyche-Körper-Heilung unterstützen?*
Damit eine ganzheitliche Psyche-Körper-Heilung wirken kann, sollte die zu heilende Person Körper, Geist und Seele[5] als Einheit betrachten. Es ist unmöglich, energetisch einen Bereich zu beeinflussen, ohne alle zu beeinflussen. Jeder Aspekt von uns und unserem Dasein wird beeinflusst von allem, was wir denken, sagen und tun. Durch Selbstreflexion und Selbsterkenntnis können wir uns auf dem Weg der Heilung ganz direkt unterstützen. Seien Sie sich Ihrer bewussten und unbewussten Gedanken gewahr.

Wie kann ich mein Unbewusstes beeinflussen?
Bewusstes und Unbewusstes interagieren ständig, und es ergibt sich eine wechselseitige Beeinflussung. Ihre bewussten Gedanken manifestieren sich aus Ihrem unbewussten Selbst. Ihre bewussten Erfahrungen werden im Unbewussten aufgezeichnet und beeinflussen es dadurch. Aufgrund dieser Interaktion sind Sie in der Lage, Ihr unbewusstes Denken zu beeinflussen. Ihr unbewusstes Denken kann verändert werden.

Beispielsweise dürfte ein Alkoholiker Schwierigkeiten haben, mit dem Trinken aufzuhören, wenn er sich nach wie vor mit seinen alten Zechkumpanen trifft. Wenn es ihm mit dem Aufhören ernst ist, wird es ihm in einer Umgebung leichter fallen, die keine Trinkreflexe bei ihm auslöst. Indem er sein Handeln und sein bewusstes Denken verändert, programmiert er seine Denkmuster neu und beeinflusst dadurch sein Unbewusstes.

KAPITEL 4

Heilende Information

*Immer sind Sie der Verantwortliche
für Ihre Gesundheit.*

ADAM

Intuition

Wir alle haben die Fähigkeit zu heilen, aber nicht alle von uns haben ihre heilenden Fähigkeiten entwickelt. Mit diesen Fähigkeiten ist es wie mit allem anderen: Man muss sie trainieren. Zweifellos wurde Wayne Gretzky mit einer speziellen Begabung für Hockey geboren, aber trotzdem arbeitete er hart, um es sensationell spielen zu können. Auch andere Athleten spielen gut Hockey; sie mussten nur viel härter daran arbeiten als Wayne und erreichten trotzdem nicht seine herausragende Klasse. Dennoch hatte ihre harte Arbeit Erfolg.

Spitzenathleten verlassen sich bei jedem Wettkampf auf ihre Intuition, ihr „Feeling". Sie spüren vielleicht, wie die Energie im Fluss ist, aber können sie nicht im eigentlichen Sinne sehen. Das nennt man auch die Bewegung des Gegners „antizipieren" oder „die Situation lesen" – oder einfach „in der Zone sein".[6] Es ist dieses Wissen um intuitive Fähigkeiten und die Kunst, diese Begabung strategisch zu nutzen, was in jeder Sportart die guten Athleten von den großartigen unterscheidet.

Dasselbe gilt im Geschäftsleben. Alle Tabellen und Diagramme – die Fakten – einer ökonomischen Situation müssen interpretiert werden, damit über den nächsten Schritt entschieden oder eine unternehmerische Entscheidung erarbeitet werden kann. Der Prozess der Interpretation erfordert Intuition, d.h. ein Gespür, wie die Dinge laufen werden. Es erfordert Übung, der eigenen Intuition zu vertrauen und ihr zu folgen. Dasselbe gilt auch in allen anderen Bereichen des Lebens. Vertrauen Sie sich.

Energetische Verbindungen

Das gesamte Universum ist Energie, die von uns als Information empfangen und interpretiert wird. Das verbindet uns alle miteinander. Wellen im Energiesystem sind wie Wellen in einem Teich: Jeder von uns beeinflusst jeden anderen.

Können Sie sich vorstellen, welch eine mächtige Wirkung es hätte, wenn alle guten Nachrichten auf der Titelseite der Zeitungen landen und die schlechten nach hinten verbannt werden würden? Wir würden jeden Morgen mit Vorfreude auf unsere gegenseitige Verbundenheit aufwachen. Die positiven Absichten würden überall hin ausstrahlen. Fragen Sie sich nicht auch, warum uns das so utopisch vorkommt?

Ich habe schon im zweiten Kapitel kurz über ein paar Prinzipien der Quantenphysik gesprochen, welche die Fernheilung betreffen. Auf der Quantenebene gibt es keinen Unterschied zwischen „hier" und „dort". Die Quantenphysik bezeichnet das als „Nichtlokalität". Der gegenseitige Einfluss, den wir auf uns ausüben, geht über den direkten physischen Kontakt, den wir über unsere fünf Sinne erfahren, weit hinaus.

Das Fachgebiet Quantenphysik gibt es erst seit hundert Jahren. Viele Artikel und Studien sind veröffentlicht worden, die sich mit der zentralen Rolle der Quantenphysik in dem Energiefeld beschäftigen, in dem wir leben. Leider geht aber bei uns oft der Rollladen herunter, wenn wir „Quanten" hören – wie wenn man zu einem Abiturienten „Differenzialrechnung" sagt. Wir fühlen uns komisch. Es stimmt, dass Quantenphysik kompliziert ist. Aber sie hat gewisse Aspekte – Energie als Information beispielsweise –, die man gut erklären kann, so dass jeder versteht, welche Rolle sie bei unserem Verbundensein spielt.

Energie als Information

Jedes physische Objekt sendet in der Form von Quantendaten Information aus. Diese Information können wir empfangen. Der Heiler klinkt sich in das Quanten-Informationsfeld des Körpers ein und macht eine Bestandsaufnahme. Er schaut sich die Quanten-Informationen des Körpers in dessen aktuellem Zustand an. Er registriert die Problembereiche. Dann sendet er neue Informationen an diesen Menschen, was eine Veränderung im vorhandenen Quanten-Hologramm von dessen Körper ermöglicht. Nun ist es das Ziel des Körpers, ein physisches „Update" durchzuführen, um auf den Stand der neu gewonnenen Quanten-Information zu kommen.

Das klingt mysteriöser, als es ist. Wenn wir ein gewöhnliches Ereignis präzise vorhersehen – z.B. wer an der Tür ist oder am Telefon –, dann empfangen wir nichtlokale Quantendaten, die man als intuitive Information bezeichnet. Diese Fähigkeit lässt sich trainieren. Oft nennen wir diese Fähigkeit unseren sechsten Sinn. Manche Menschen sind von Natur aus dazu veranlagt, sich mit diesem sechsten Sinn auf dieses nichtlokale Informationssystem einzustimmen.

Wenn ich eine Behandlung mache, projiziere ich das dreidimensionale Bild des Betreffenden vor mich und verändere die Information intentional. Das bewirkt eine Veränderung an der

Quelle der Information, die in diesem Fall im physischen Körper des Betreffenden liegt. Das ist die Technik, die ich lehre. Die folgenden „Sieben Schritte zum Leben" sind ein großartiger Anfang für jeden, der sich auf den Weg der Heilung begibt. Diese Schritte sollte man sich immer wieder vergegenwärtigen und so genau wie möglich durchführen. Konzentrieren Sie sich auf die Möglichkeiten, sie in Ihren Alltag zu integrieren. Wir sind alle Heiler.

Sieben Schritte ins Leben

Schritt I: Fühlen Sie Ihre Energie – ganz bewusst

Um Ihre Energie zu fühlen, reiben Sie kreisförmig Ihre Handflächen. Reiben Sie die Stelle in der Mitte. Fühlen Sie, wie Wärme entsteht. Das ist Ihre Energie. Dann halten Sie Ihre Handflächen in ein paar Zentimeter Entfernung gegeneinander und spüren eine Art magnetische Anziehung und Abstoßung. Bewegen Sie die Hände weiter auseinander, bis Sie Ihr Energiefeld nicht mehr spüren. Spielen Sie mit Ihrer Energie und haben Sie Spaß daran. Es geht um unser Energiesystem, machen Sie es sich also bewusst.

Dieser Energiefluss ist unsere Lebenskraft. Er ist wichtiger als jedes andere System des Körpers, weil er jedes mit umfasst. Und doch kennt sich die westliche Medizin mit Verdauung, Atemwegen, Blutkreislauf, Stoffwechsel und Nervensystem besser aus. Wir haben jede Menge Tests entwickelt, um die Funktion und den Zustand all dieser Systeme zu messen. Wie man das Energiesystem misst, muss jedoch erst noch erfunden werden, und deshalb wird es ignoriert. Und doch beeinflusst es ganz direkt alle Aspekte unserer Gesundheit. Lernen Sie, es zu fühlen, damit zu arbeiten und vor allem, Spaß daran zu haben.

Schritt II: Bauchatmung – ganz bewusst

Atmen Sie tief. Viele Menschen haben gewöhnlich eine flache Brustatmung und leiden tatsächlich unter ein bisschen Sauerstoffmangel. Der Körper bekommt genug, um zu funktionieren, würde aber bei einer vollen, tiefen Atmung noch besser funktionieren. Sängern und Sportlern ist sehr genau bewusst, wie richtiges Atmen ihre Leistungen verbessert. Wir alle brauchen Luft, um unser maximales Potenzial zu erreichen. Eine Atmung mit Hilfe der Bauchmuskeln und des Zwerchfells fördert die Entspannung und löst Verkrampfung.

Atmen Sie durch die Nase ein und stellen Sie sich vor, Sie füllen Ihren Bauch mit Luft. Wenn er voll ist, atmen Sie durch den Mund aus und ziehen den Bauch ein. Ihre Schultern sollten nicht auf und ab gehen mit dem Atem. Es dauert vielleicht ein Weilchen, bis Sie sich eine gute Atmung zur Gewohnheit gemacht haben, aber bleiben Sie dran. Ich kenne ein paar Leute, die ihren täglichen Spaziergang ganz bewusst zum tiefen Atmen nutzen. Beim Einatmen zählen sie auf vier, halten den Atem wieder bis vier und atmen vier Zähler lang aus. Damit lässt sich das richtige Atmen gut üben. Steigern Sie die Zahl in dem Maße, wie sich Ihre Lungenkapazität vergrößert.

Schritt III: Erden Sie Ihre Energie und spüren Sie ganz bewusst ihr Fließen

Es ist wichtig, dass Sie Ihre Energie oft erden. Stellen Sie sich vor, dass Ihre Energie in Ihnen und um Sie herum zirkuliert und Sie mit der universellen Energie oben und unten verbindet. Atmen Sie mit jedem Atemzug Luft und Energie von oben und aus Ihrer Umgebung ein. Wenn Sie ausatmen, stellen Sie sich vor, dass Sie diese Energie vorne an Ihrem Körper hinunter und über Ihre Fußsohlen in die Erde drücken. Fühlen Sie, wie Ihre Fußsohlen mit dem Kern der Erde verbunden sind.

Das Ausatmen verbindet Sie mit allem auf diesem Planeten. Das Einatmen verbindet Sie mit allem im Universum. Das ist die Erdung, und es geht dabei darum, sich der Verbindung zu den Energiesystemen bewusst zu sein. Das Erden wird Ihre körperliche Energie und Kraft steigern, indem es Ihre Aura mit anderen Energiesystemen vereinigt. Es wird Ihre Aura reinigen und Ihre Gesundheit insgesamt verbessern.

Schritt IV: Trinken Sie Wasser

Trinken Sie Wasser. Viel Wasser. Unser Körper besteht fast zu 80 Prozent aus Wasser – so groß ist sein Anteil an unserem Körpergewicht. Wir sind Wesen auf Wassergrundlage, und das müssen wir berücksichtigen. Trinken Sie jeden Tag die acht Gläser, die Ihr Körper braucht. Wenn möglich, trinken Sie gefiltertes Wasser. Wenn es interessanter schmecken soll, geben Sie einen Schuss Zitronen- oder Limettensaft dazu.

Unser Körper braucht Wasser, um optimal arbeiten zu können. Wenn wir aufgrund von Verletzung oder Krankheit mit einem zusätzlichen gesundheitlichen Problem konfrontiert sind, spielt Wasser eine zentrale Rolle für unsere Genesung. Unser Körper beseitigt unerwünschte und überflüssige Stoffe, indem er sie zusammen mit Wasser ausscheidet. Das ist der natürliche Reinigungsprozess. Ohne Wasser sammeln sich Toxine, die sonst mit Leichtigkeit regelmäßig beseitigt werden könnten, im Körper an. Wassermangel kann tödlich sein.

Wasser zu trinken ist die Gewohnheit, die man am leichtesten ändern kann und die trotzdem am häufigsten übersehen wird. Wasser steht uns allen unmittelbar zur Verfügung und kann alleine schon beträchtliche Wirkung erzielen. Sie wurden Ihr Auto ja auch nie ohne Öl oder Benzin fahren wollen. Warum behandeln Sie Ihr Auto mit mehr Respekt und Fürsorge als den eigenen Körper? Wir haben diesen fabelhaft funktionstüchtigen Körper geschenkt bekommen, und wir sollten ihn nicht als selbstverständlich betrachten.

Schritt V: Entwickeln Sie emotionale Bindungen an andere

Viele von uns, aber nicht alle, haben das Glück, eine liebevolle Familie zu haben. Und in jedem Moment hat jeder Einzelne von uns die Möglichkeit, sich mit anderen anzufreunden. Wir brauchen alle diese emotionale Verbundenheit. Gegenseitiges Vertrauen ist nötig, damit Beziehungen funktionieren, aber es lohnt sich. Heißen Sie es willkommen, und Ihre Welt wird ein wunderbarer, liebevoller Ort, wo es sich leben lässt, voller guter, harmonischer Energie.

Es ist erwiesen, dass stabile und liebevolle Beziehungen einen starken positiven Einfluss auf die Gesundheit ausüben. Wer die Arbeit und Loyalität investiert hat, die für den Aufbau enger familiärer und freundschaftlicher Beziehungen nötig sind, ist gesünder als der, der keine solchen Beziehungen hat. Im Falle einer Verletzung oder Krankheit werden diese Menschen viel schneller wieder gesund als die, die keinen solchen unterstützenden Familien- oder Freundeskreis haben.

Schritt VI: Denken Sie positiv in der Gegenwart und spüren Sie die Wirkung

Die Macht Ihrer positiven Gedanken hilft Ihnen, mentale, physische, emotionale und spirituelle Dimensionen ins Gleichgewicht zu bringen. Dieses Gleichgewicht stärkt und hilft uns, unsere Träume zu verwirklichen und gesund zu bleiben. Bleiben Sie im Jetzt, denn die Vergangenheit ist vorbei, und Zukunftsängste sind sinnlos, auch wenn Träume zu haben gut ist.

Träumen Sie, was Sie wirklich gerne machen würden, und machen Sie es. Nur *Sie* können einen dauerhaften Wandel in sich herbeiführen. Indem Sie nach innen schauen, ist es möglich, sich neu zu erschaffen. Seien Sie sich Ihrer Emotionen bewusst und auch Ihrer Macht, sie zu verändern und zu kontrollieren.

Versetzen Sie sich in einen stillen, meditativen Zustand. Entwerfen Sie ein dreidimensionales, holografisches Bild Ihrer selbst. Das erfordert viel Konzentration und Übung. Erzeugen Sie ein genaues Abbild Ihrer selbst. Wenn Sie blaue Augen haben, dann lassen Sie Ihr Ebenbild auch blaue Augen haben. Visualisieren Sie es. Konzentrieren Sie sich darauf, Ihre Augen genau so zu sehen, wie sie sind. Arbeiten Sie daran, dieses Bild zu perfektionieren, bis es Ihr exaktes Ebenbild ist, exakt in jedem Detail. Das kann sogar jemand, der keine Vorstellungskraft hat.

Wenn Sie dieses klare Bild erst einmal haben, sagen Sie zu sich selbst, dass es Ihnen viel besser geht und dass die Probleme weg sind. Richten Sie diesen Strahl positiver Gedanken auf den verletzten Bereich. Wenn Sie z.b. etwas am Ellbogen haben, projizieren Sie diese positiven Gedanken wie einen Laserstrahl auf Ihren Ellbogen.

Denken Sie *nicht* an die Beschwerden. Sie haben keine Beschwerden in dem Bild, das Sie sich vorstellen. Denken Sie das perfekte Hologramm, eines ohne Verletzungen. Ich weiß, dass das bei Ihnen funktionieren kann, weil ich es so mache. Ich heile Leute mit meiner Fähigkeit, zu ihrem Energie-Hologramm Verbindung aufzunehmen. Sobald ich zu einem Menschen Kontakt habe, nutze ich meine Gedanken für meine heilende Arbeit.

Mir ist klar, dass diese Fähigkeit, Verbindung zum Hologramm eines Menschen aufzunehmen, ein Geschenk ist. Ich weiß auch, dass wir alle die Fähigkeit haben, Verbindung zu unserem eigenen Hologramm aufzunehmen und die heilende Kraft der Gedanken zu nutzen. Das ist nicht ganz einfach, aber mit einer gewissen Lernbereitschaft und mit etwas Übung werden Sie Erfolg haben. Wenn Sie immer weiter üben, werden Sie entdecken, dass es immer leichter wird und dass Ihre Fähigkeit dazu wächst. Wenn Sie sie gemeistert haben, werden Sie sehen, dass das eine sehr effektive Methode ist, Ihre Gesundheit zu steigern und zu erhalten.

Schritt VII: Verstehen und würdigen Sie die Verbundenheit von allem und jedem

Im gesamten Universum beeinflusst sich alles gegenseitig wie in einem Netz. Positive Gedanken und Handlungen von einem von uns beeinflussen alle anderen. Zwar werden am meisten jene beeinflusst, die uns im Netz am nächsten stehen – Familie, Freunde, Kollegen und Bekannte –, aber es wird tatsächlich das gesamte Netz beeinflusst. Es ist diese gegenseitige Verbundenheit, welche die Fernheilung ermöglicht.

Seien Sie dankbar für Ihr Leben – es ist kostbar. Seien Sie dankbar für all die wunderbaren Menschen, die während Ihrer Reise auf Sie zugegangen sind. Freuen Sie sich auf die Abenteuer, die jeder Tag bringt. Wir stehen alle vor Herausforderungen, aber die Einstellung dazu ist entscheidend. Jeder, der eine positive Sichtweise hat, ist ansteckend.

Um aus diesen sieben Schritten das Optimum herauszuholen, sollten Sie den folgenden Fragebogen beantworten. Es ist entscheidend, dass Sie begreifen, wo Sie momentan stehen, bevor Sie anfangen können. Wie verbringen Sie Ihre Zeit? Was sind Ihre täglichen Routineabläufe und Lieblingsbeschäftigungen? Mit wem verbringen Sie Ihre Tage? Solche Selbstreflexion ist entscheidend, um sich selbst verstehen zu können. Wenn Sie diese Fragen so wahrheitsgemäß wie möglich beantworten, sind Sie für Ihren Weg der Heilung besser gerüstet. Durch die Selbstreflexion, die dieser Fragebogen auslöst, werden Sie viele Einsichten über sich gewinnen. Das wird Ihnen, während Sie die Sieben Schritte zum Lebenausprobieren, auf Ihrem Weg helfen.

Analysieren Sie Ihren Lebensstil

Gewohnheiten

Rauchen, Trinken und Drogen: Was löst diese Gewohnheiten aus? Warum wollen Sie rauchen, trinken oder Drogen nehmen? Was würde passieren, wenn Sie aufhören würden?

Medikamente mit und ohne Rezept: Wissen Sie, was Sie einnehmen und warum? Kennen Sie die erwünschten Wirkungen und die Nebenwirkungen? Achten Sie auf die Signale Ihres Körpers.

Ernährung: Ernähren Sie sich gesund und ausgewogen? Versuchen Sie, sich von außen zu sehen. Wenn Sie übergewichtig sind, obwohl Sie alle Kategorien von Lebensmitteln berücksichtigen, essen Sie weniger. Das gesunde Körpergewicht ergibt sich aus einer ausgeglichenen Bilanz zwischen Aufnahme und Verbrauch: Aufgenommene Kalorien gegenüber den für das tägliche Funktionieren des Körpers verbrannten Kalorien. Finden Sie Ihr Gleichgewicht. Denken Sie daran, viel Wasser zu trinken.

Bewegung: Welche körperlichen Aktivitäten genießen Sie als Teil Ihrer täglichen Routineabläufe? Tun Sie, was Sie können und wann immer Sie es können. Finden Sie eine Aktivität, die Sie gerne machen. Sie werden feststellen, dass eine Aktivität, die Sie gerne machen, leichter zu einer guten Gewohnheit Ihres Lebensstils wird.

Einstellungen

Stress: Sind Sie der alltäglichen Belastungen zu Hause und bei der Arbeit überdrüssig? Kontrollieren Sie Ihr Stressniveau, statt sich von ihm kontrollieren zu lassen. Seien Sie sich bewusst, wie alltägliche Stressfaktoren Sie beeinflussen: Ihre Gesundheit, Ihre Beziehungen zu anderen und Ihr Selbstbild. Denken Sie darüber nach. Eliminieren Sie, was Sie negativ beeinflusst.

Positive Sichtweise: Ist das Glas für Sie halb voll oder halb leer? Strahlen andere in Ihrer Umgebung die positive Energie aus, die Sie brauchen?

Flexibilität: Freuen Sie sich auf Veränderungen und die Herausforderungen, die daraus entstehen? Genießen Sie es, für die Möglichkeiten der Zukunft offen zu bleiben?
  Wenn Ihre Antwort auf diese Frage „Nein" ist, ist weitere Selbstreflexion nötig. Untersuchen Sie, warum Sie sich so fühlen. Was löst Ihren Widerstand gegen Veränderung aus? Auch hier ist wieder die Selbstreflexion Ihr wichtigstes Werkzeug im Hinblick auf eine positive Einstellung gegenüber der Zukunft.

Emotionen

Überflüssige Emotionen: Machen Sie sich Sorgen über die Zukunft? Haben Sie Schuldgefühle wegen bestimmter Dinge? Haben Sie Angst, sich bestimmten Themen zu stellen? Sind Sie wütend auf etwas oder jemanden? Was löst bei Ihnen diese Emotionen aus? Stellen Sie sich vor, wie Sie diese Auslöser vermeiden. Sie entscheiden. Setzen Sie sich ans Steuer, lernen Sie, diese Gefahren zu erkennen und ihnen auszuweichen.
  Sorgen, Schuldgefühle, Angst und Wut sind Emotionen, die nutzlos sind, werden Sie sie also los. Prüfen Sie Ihre Reaktion auf bestimmte Ereignisse direkt in der Situation, damit Sie Ihren Widerstand gegenüber Veränderungen verstehen. Es ist der erste Schritt zur Veränderung, dass Sie sich Ihrer Reaktion bewusst werden. Bremsen Sie Ihre gewohnheitsmäßige Reak-

tion und zwingen Sie sich, positiver zu reagieren. Versuchen Sie es einfach und schauen Sie, wie es ist. Es wird Sie weniger Energie kosten, als wenn Sie sich gegen Veränderungen sträuben. Lassen Sie das zu Ihrer neuen Lebenseinstellung werden.

Positive Gefühle: Umgeben Sie sich ganz bewusst mit Liebe und Zufriedenheit? Liebe und Zufriedenheit bewirken, dass Sie sich selbst und andere annehmen können. Was löst bei Ihnen diese Emotionen aus? Seien Sie bestrebt, für sich eine Umgebung zu schaffen, in der diese positiven Anreize großen Stellenwert haben.

Telepathie, Intuition und Intention in der Heilung

Der Heilungsprozess umfasst Telepathie, Intuition und Intention. Zusammen ermöglichen es diese, am Quanteninformationssystem des Körpers Modifikationen vorzunehmen.

Telepathie ist eine Form der Kommunikation, die mit der Übertragung von Bildern (Gedanken) von einem Menschen zum andern arbeitet. Bin ich einmal mit einem Menschen verbunden, so bin ich mir der bewussten und unbewussten Reaktionen dieses Menschen bewusst. Normalerweise diktieren die bewussten Gedanken eines Menschen sein Handeln, aber bei Menschen im Koma ist das nicht der Fall. Deshalb ist Telepathie bei der Kommunikation mit ihnen besonders nützlich. Ich habe schon erstaunliche Resultate erzielt, wenn ich Menschen, die wegen ihres schlechten Gesundheitszustandes ihre Ideen nur so „ausdrücken" konnten, Bilder gesandt habe. Einmal kontaktierte mich die Familie eines Mannes, der eine Gehirnoperation gehabt und sechs Monate im Koma gelegen hatte. Während er komatös war, kommunizierte ich zu einer vorher festgelegten Zeit mit ihm. Die Energiebehandlung und telepathische Kommunikation weckten ihn sofort aus diesem Zustand auf. Nach zwei Sitzungen reagierte er auf seine Umgebung und konnte wieder sehen.

Intuition ist, wie ich bereits gesagt habe, eine andere Quanten-Eigenschaft, die im Heilungsprozess Verwendung findet. Intuition ist ein Gefühl, etwas zu wissen, ohne dass man bewusst darüber nachdenken muss. Manchmal ist intuitive Information logisch nicht leicht zu verstehen, aber normalerweise hat sie immer etwas mit der sich gerade stellenden Heilungsaufgabe zu tun. Man muss bei der Selbstheilung die intuitiven Daten, die man erhält, interpretieren lernen. Diese Information ist ein Schlüsselelement des Heilungsprozesses.

Eines der wichtigsten Quantenwerkzeuge ist die Intention. Die Absichten sowohl des Heilers wie des Betroffenen sind es, welche die Dinge in Gang bringen. Intention ist die treibende Kraft, die Energie- und Informationssysteme manipuliert. Wenn man eine große Gruppe hat, alle mit derselben Absicht, jemanden zu heilen, dann erzielt diese gemeinsame Intention erstaunliche Ergebnisse. Ein Beispiel für intentionale Gruppenaktivität ist das gemeinsame Gebet. Es gibt viele Studien, die zeigen, dass Beten funktioniert. Sogar wenn nur ein Einzelner seine Intention visualisiert, können die Ergebnisse erstaunlich sein.

Die Absichten des zu Heilenden müssen aufrichtig sein, damit eine deutliche Veränderung eintreten kann. Es geht nicht darum, ob ein Mensch an Gebete oder Fernheilung glaubt. Sie müssen nicht glauben, aber Sie müssen offen genug sein, um es für möglich zu halten. Damit Veränderungen passieren können, ist es entscheidend, dass man gesund werden *will*.

Ärzte fühlen sich gegenüber Patienten mit unheilbaren Krankheiten oft zu einer Aussage über die restliche Lebensdauer verpflichtet. Das liegt vielleicht nicht an ihrer Ausbildung – die Patienten selbst wollen es wissen. Die Ironie liegt darin, dass viele Patienten ihren Tod planen, wo sie doch planen sollten, ihre Gesundheit zurückzugewinnen. Das Denken ist mächtig, und die eigene Situation wird sehr stark von den eigenen Überzeugungen bestimmt.

Es gibt keine falsche Hoffnung. Es gibt immer einen neuen Weg. Viele Menschen, die von der westlichen Medizin ihr Todesurteil erhalten hatten, lasen mein erstes Buch, als es herauskam. Im tiefsten Innern wussten sie, dass ich nicht jedem Einzelnen von ihnen persönlich würde helfen können, aber die Botschaft des Buches, nicht aufzugeben, brachte ihnen Trost. Sie fanden neue Hoffnung.

Wenn wir alle im Leben miteinander verbunden sind, glaube ich, dass wir auch nach dem Verlassen des physischen Körpers miteinander verbunden sind. Der Tod ist ein unvermeidliches Ereignis, das jedem Lebewesen geschieht. Wir können ihn nicht vermeiden, wir können aber unsere Gesundheit und Zufriedenheit steigern, während wir am Leben sind.

Versteifen Sie sich nicht auf irgendein besonderes Heilungsritual. Es ist sinnlos, in die Luft zu springen, dreimal die Hacken zusammenzuschlagen und den Satz zu wiederholen: „Zuhause ist es doch am schönsten." Heilung ist simpel, und alles, was Sie dazu brauchen, steht in Ihnen selbst jederzeit und überall zur Verfügung. Wenn es so aussieht, als gäbe es zu viele Regeln und es sei komplizierter als nötig, dann liegt das wahrscheinlich an Ihnen selbst.

Denken Sie daran: Immer sind Sie der Verantwortliche für Ihre Gesundheit. Sie sind der Fahrer des Autos. Sie treffen alle Entscheidungen – wohin Sie fahren, wann Sie fahren und wie schnell. Der Heiler ist der Beifahrer mit der Karte, der Ihnen den kürzesten Weg zum Zielort zeigt und Ihnen hilft, wo es nötig ist. Viele andere helfen ebenfalls – der Mechaniker, der Ihr Auto wartet, und der Tankwart, der Ihnen Benzin einfüllt. Aber der Fahrer sind immer Sie. Letztendlich haben Sie die totale Kontrolle.

Die Evolution der Selbstheilung

Die Woge des Wissens, wie Heilung funktioniert, ist in der gesamten westlichen Welt im Anwachsen begriffen. Der Weg ist noch weit, aber die Menschen beginnen zu begreifen und zu akzeptieren, dass wir alle miteinander und mit jedem einzelnen Lebewesen in diesem Universum verbunden sind.

Wir sind fähig, uns in jemanden einzufühlen, der Trauer oder Glück empfindet. Die ganze Welt empfand den Schmerz der Opfer der Tragödie vom 11. September. Ich zitterte am ganzen Körper, als ich die Türme des World Trade Center zusammenbrechen sah. Ich glaube, unsere Empfindungen waren ein Resultat unserer gegenseitigen Verbundenheit. Sie sind wie Wellen im Meer, die letztendlich jedes Molekül im ganzen weiten Ozean beeinflussen. Unsere gegenseitige Verbundenheit ist ein riesiges Energiereservoir, das sich in alle Richtungen des Universums erstreckt.

Die Idee unserer gegenseitigen Verbundenheit ist wegen der Grenzen, die wir in unserem Denken erzeugen, schwer zu begreifen. Diese Grenzen sind eine Fortsetzung unserer beschränkten fünf Sinne. Wenn wir etwas nicht sehen, riechen, fühlen, hören oder schmecken können, dann existiert es wahrscheinlich gar nicht – zumindest haben wir es so gelernt. Mit anderen Worten, wenn es im Moment noch nicht gemessen oder durch wissenschaftliche Studien erklärt werden kann, ist es nicht real. Diese Grenzen zu überschreiten, würde unser gegenwärtiges Weltbild in den Grundfesten erschüttern. Unsere gesamte physische Existenz beruht auf der Idee individueller Vereinzelung.

Bedenken Sie, dass wir bestimmte Dinge, die für das bloße Auge nicht sichtbar sind, für real halten. Wir wissen, dass überall um uns herum elektromagnetische Wellen sind, obwohl wir sie in vielen Frequenzen nicht wahrnehmen können. Sichtbares Licht ist eine elektromagnetische Frequenz, die wir wahrnehmen können. Radiofrequenzen existieren und gehören ebenfalls zum elektromagnetischen Spektrum, und doch können wir ihre Existenz nicht wahrnehmen, bis wir einen Sender einstellen. Die Existenz von Radiowellen wird seit hundert Jahren bereitwillig akzeptiert. Der nächste Schritt wird sein, dass wir unsere eigenen Energiesysteme akzeptieren. Es braucht einfach noch Zeit, bis die Wissenschaft dieses Phänomen verstehen und messen kann.

Ich habe oft das Gefühl, ich sollte auf eine bestimmte Weise auf eine Situation reagieren, und dann denke ich darüber nach und reagiere doch anders. Im Nachhinein war meine erste Reaktion oft die bessere Wahl. Wie kann ich lernen, meinen Gefühlen zu vertrauen?

Man hat uns beigebracht, unsere Gefühle gering zu schätzen und der sichtbaren, materiellen Welt viel Wert beizumessen. Die Gesellschaft verstärkt die Vorstellung, wenn man etwas nicht genau messen könne, müsse man es ignorieren. Wir müssen wieder lernen, unsere Gefühle nicht dauernd anzuzweifeln, sondern in der Tat ihnen zu vertrauen. Wie Sie sagen, unsere erste instinktive Reaktion auf eine Situation ist oft ganz frisch, ohne rationale Abwägung von Alternativen. Gut möglich, dass es die bessere Wahl ist. Üben Sie, sich von Ihrem Bauchgefühl leiten zu lassen, und Sie werden lernen, ihm mehr zu vertrauen. Wir müssen vergessen, was wir gelernt haben, und uns an das erinnern, was wir vergessen haben.

Mein Arzt hat mir gesagt, ich habe unheilbaren Krebs. Wie soll ich da noch positiv denken?

Wie stellen Sie sich vor, dass negatives Denken Ihnen hilft? Wir sollten uns am Leben freuen, solange wir es haben, und die Zeit jetzt ist die wichtigste, um positiv zu denken. Heilung ist mehr als die Ausbesserung des Körpers. Wahre Heilung umfasst eine Steigerung von Wohlbefinden und Bewusstheit in Körper, Geist und Seele. Es stimmt, dass der Tod ein unvermeidlicher Bestandteil des Lebens ist, aber niemand kann Ihnen sagen, wann Sie sterben werden. Es ist wichtig, sich auf jeden einzelnen Tag zu freuen und nicht im Kalender den letzten anzukreuzen.

Kapitel 5

Heilung in der Gruppe

In Ihrem Geist steckt die Weisheit,
die Ihren Körper heilt.

ADAM

Ich erhalte viele tausend Anfragen nach Einzelbehandlungen, mehr als ich physisch durchzuführen in der Lage bin. Als ich versuchte, damit klar zu kommen, dass ich dieses Heilungstalent hatte und trotzdem nur begrenzte Zeit, es umzusetzen, machte ich eine unglaublich nützliche Entdeckung: Es ist möglich, die Auren zweier Menschen zu verschmelzen.

Die Aura jedes Menschen sieht aus wie eine Blase fließender Energie, die den physischen Körper umgibt. Wenn ich bei Energie-Vorführungen zuschaute, konnte ich den Einfluss sehen, den die Aura eines Menschen auf eine andere hatte. Wenn diese Interaktion existiert, sagte ich mir, dann müsste es möglich sein, mehrere Auren zu verschmelzen.

Es war mir immer schon aufgefallen, dass beim Sport die Bewegungsabsicht der tatsächlichen Bewegung vorausgeht. Wenn ein Basketballspieler an eine Bewegung in eine bestimmte Richtung denkt, sehe ich einen Zacken in seiner Aura, der seine Absicht andeutet. Eine Absicht hat Kraft und ist auch sichtbar. Was würde passieren, fragte ich mich, wenn ich Absicht und Interaktion von Auren kombinieren würde? Ich war sehr neugierig, das herauszufinden, also bat ich meine Familie um Mithilfe bei einem Experiment.

Meine Mama, mein Papa und mein Onkel machten bereitwillig mit. Ich bat sie, sich eng nebeneinander zu setzen, so dass ihre Auren sich berührten. Obwohl ihre Auren immer noch getrennt schienen, klebten sie irgendwie zusammen, wenn sie sich berührten, genauso, wie ich es vorher in einem Workshop gesehen hatte. Dann forderte ich meine Eltern und meinen Onkel auf, durch Aufnahme von Energie aus dem Universum ihre Aura auszudehnen. Dadurch konnten sich ihre Auren willentlich vereinigen – wie zwei Blasen im Schaumbad, die plötzlich platzen und zu einer großen Blase werden.

Das Muster-Hologramm

Als die Auren meiner Eltern und meines Onkels verschmolzen waren, konnte ich sie als Gesamtheit an das universelle Energiefeld anschließen. (Im nächsten Kapitel erläutere ich dieses Energiefeld genauer.) Sofort zeigte sich mir, was ich ein Muster-Hologramm nenne. Das Muster-Hologramm enthielt und verband die Information jedes Einzelnen in der Gruppe.

Sehr angetan von den Ergebnissen dieses Experiments, wollte ich sofort den nächsten Schritt ausprobieren. Wenn es möglich war, Auren zu verschmelzen und ein Muster-Hologramm zu manifestieren, erlaubte dann vielleicht dieses eine Muster-Hologramm auch eine Informationsübertragung, die bei allen Anwesenden in der Gruppe positive Veränderungen auslösen würde?

Ich hatte früher schon einigen Menschen mit Fibromyalgie helfen können, einer schmerzhaften chronischen Krankheit mit Muskel-Überempfindlichkeit. Gegenwärtig gibt es dafür noch keine Therapie, deshalb verschreiben die Ärzte gewöhnlich viel Schmerzmittel. Wie würde dieses Muster-Hologramm wohl bei einer Gruppe von Leuten mit einer Krankheit wie der Fibromyalgie funktionieren? Das fragte ich mich.

Es war leicht, eine Gruppe von zwölf Leuten mit Fibromyalgie zusammen zu bekommen. Als ihre Auren zu einer verschmolzen waren, zeigte sich ein Muster-Hologramm, das die Gesamtheit aller gesundheitlichen Informationen enthielt. Ich entdeckte dann, dass das Muster-Hologramm die Informationsübertragung an alle zuließ, die in einer gemeinsamen Aura vereinigt waren. Die Information wird in Form von Energiemustern übertragen, für die ich der Kanal bin. Indem ich dieselbe Art von Behandlung durch Informationsübertragung machte, die ich bei Einzelpatienten mache, konnte ich Informationen vermitteln, um den Gesundheitszustand aller Gruppenteilnehmer zu verbessern.

Das war eine wunderbare Entdeckung für mich und nahm mir etwas von der Last ab, aus Mangel an Zeit und Energie so viele Anfragen ablehnen zu müssen. Die meisten Teilnehmer der Fibromyalgie-Gruppen registrierten unmittelbare und tief greifende Veränderungen in ihrem Gesundheitszustand. Einige Teilnehmer sagten sogar, sie hätten gar keine Fibromyalgie mehr. Ihre Schmerzsymptome sind weg.

Diese Ergebnisse waren der entscheidende Anstoß, die Gruppensitzungen fortzusetzen, aber ich wollte sichergehen, dass ich auf dem richtigen Weg war. Ich mailte den Apollo-14-Astronauten Edgar Mitchell an, einen meiner Physik-Mentoren, und bat ihn um seine Meinung und Rückmeldung zu diesem Durchbruch. Hier ist seine Antwort:

„Sehr interessante Kommentare und Wirkungen. Hinsichtlich der Einordnung in die QH-(Quanten-Hologramm-)Theorie: Obwohl jede Einzelperson eine separate und unterschiedliche holografische Geschichte hat, sieht es so aus, als hätten Sie dazu beigetragen, dass alle miteinander und mit Ihnen als Gruppe in Einklang kamen, fast wie eine Sportmannschaft, die ‚in der Zone' ist und als Einheit funktioniert. Wenn sie alle dieselbe Krankheit haben, dann hat diese Krankheit ein deutliches holografisches Muster. Vermutlich beinhaltet die Heilung eine zum Muster der Krankheit gegenläufige Welle (oder eine Reihe von Wellen). Interessanter Gedanke, dass eine Wirkung auf alle möglich sein könnte, indem man sich einfach auf das Krankheitsmuster fokussiert. Aber theoretisch gesehen spricht nichts dagegen."

Während meiner ganzen bisherigen Entwicklung als Heiler ist Edgar eine unschätzbare Informationsquelle für mich gewesen, und seine Anregungen bedeuten mir viel. Seine wissenschaftliche Erklärung klingt für mich stimmig.

Anschauungsunterricht bei ursprünglichen Kulturen

Vor einigen hundert Jahren eroberten die Europäer in Nordamerika eine medizinisch weit fortgeschrittene Zivilisation, die der indianischen Ureinwohner. In den Kulturen der Ureinwohner wissen die Menschen, wie man die Natur nutzt, um den Körper zu heilen. Viele alternative Heilmethoden starben aus, als diese Kulturen unterworfen wurden. Eine medizinische Praxis, die Tausende von Jahren sehr effektiv gewesen war, wurde geächtet.

Mein Vater hat mütterlicherseits indianische Vorfahren. Sie zählen zum Volk der Penobscot-Indianer, die in Maine angesiedelt sind. Ich bin immer stolz gewesen auf mein indianisches Erbteil und seine Verbindung zur Natur und zur universellen Energie.

Völker der Ureinwohner erkennen die Realität der gegenseitigen geistigen und energetischen Verbundenheit an. Dadurch ist es sehr angenhm, mit ihnen zu arbeiten. In der Sprache

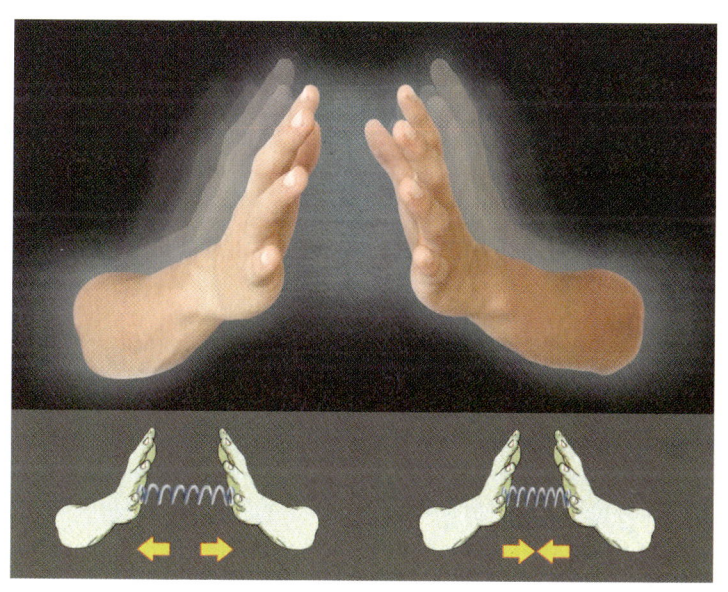

Abbildung 1: Fühlen Sie Ihre Energie

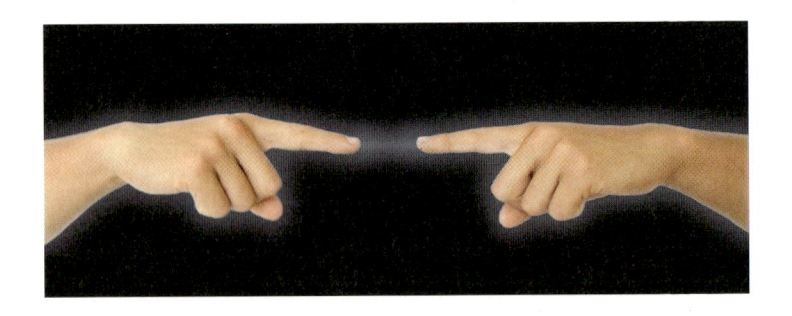

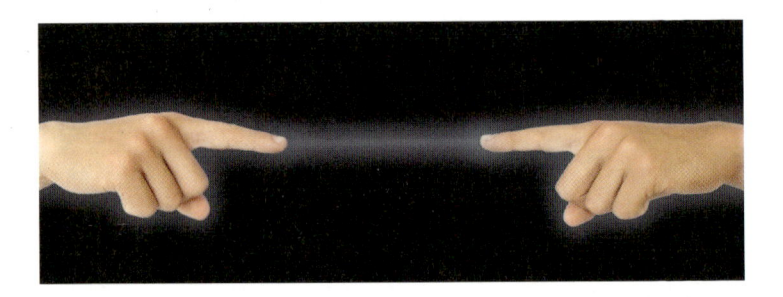

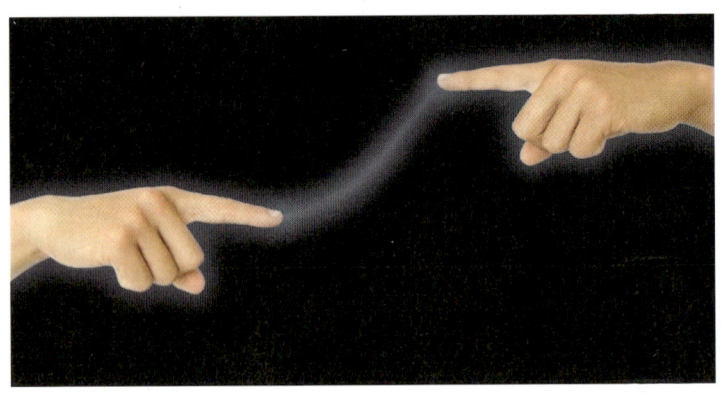

Abbildung 2: Sehen Sie Ihre Energie

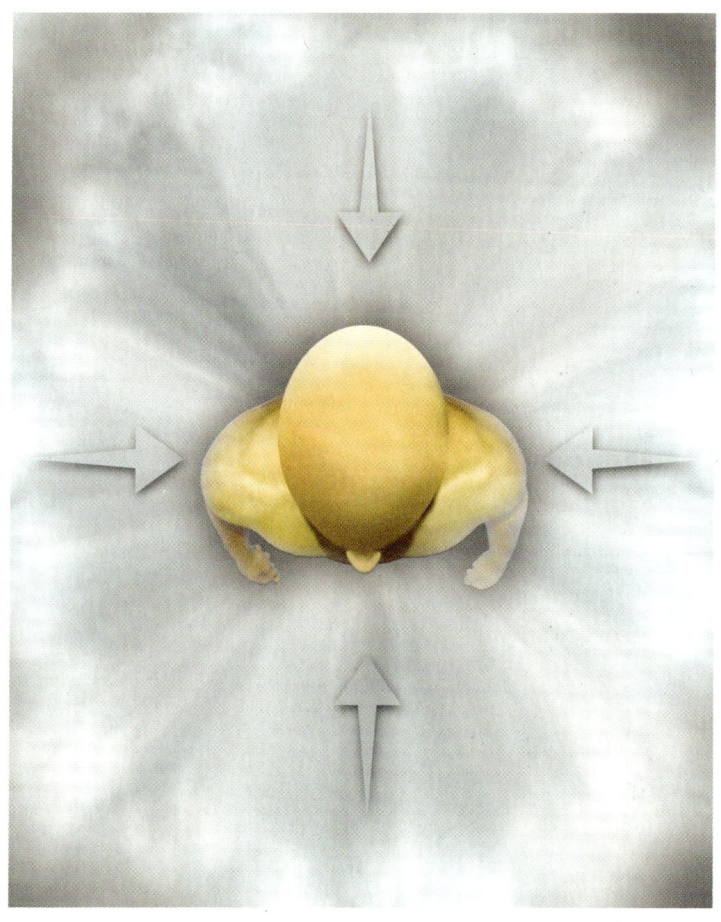

Abbildung 3: Universelle Energie in den Körper lenken
(Vogelperspektive)

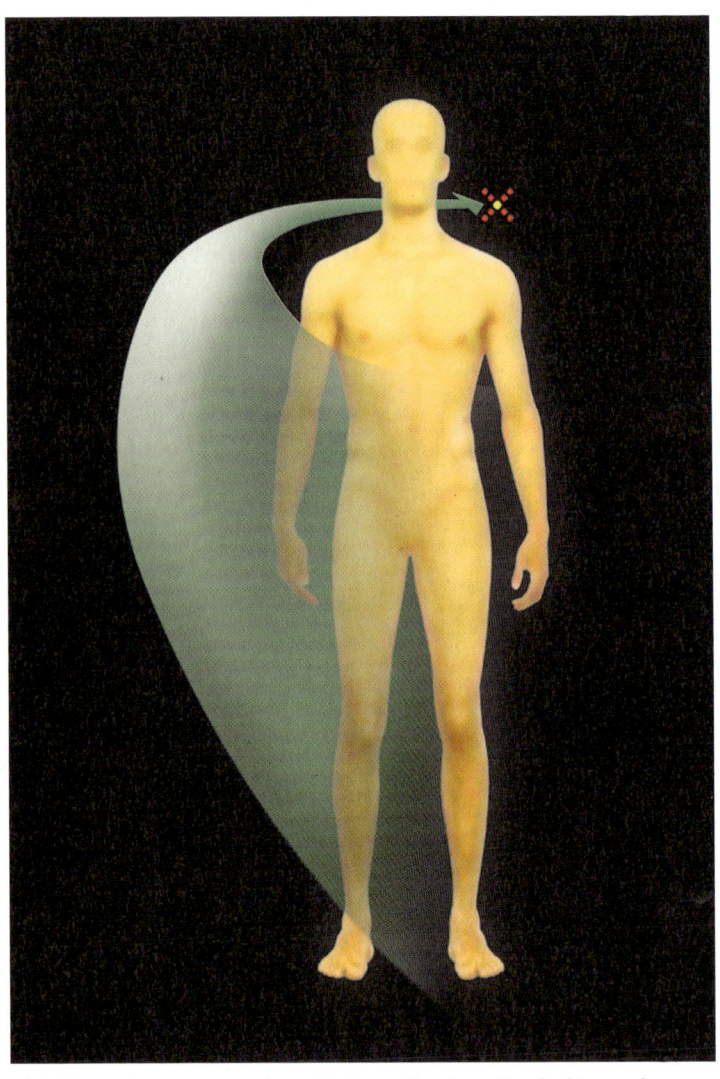

Abbildung 4: Die Aura sehen: Fixieren Sie einen Punkt hinter der betreffenden Person

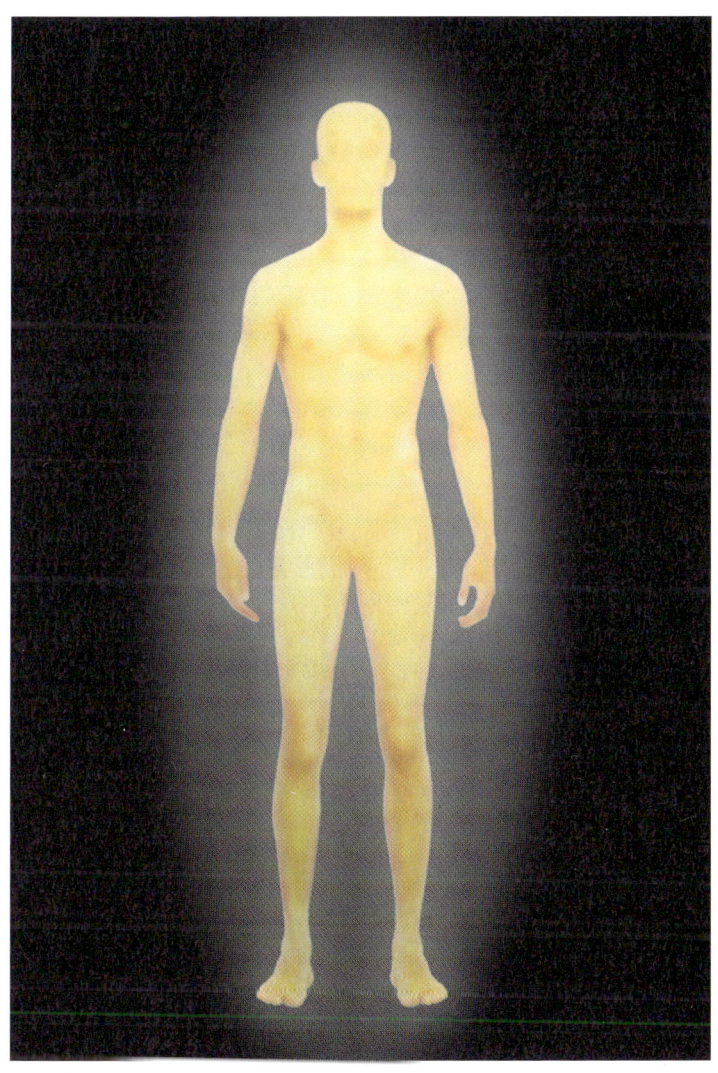

Abbildung 5: Eine schwache, schimmernde Aura

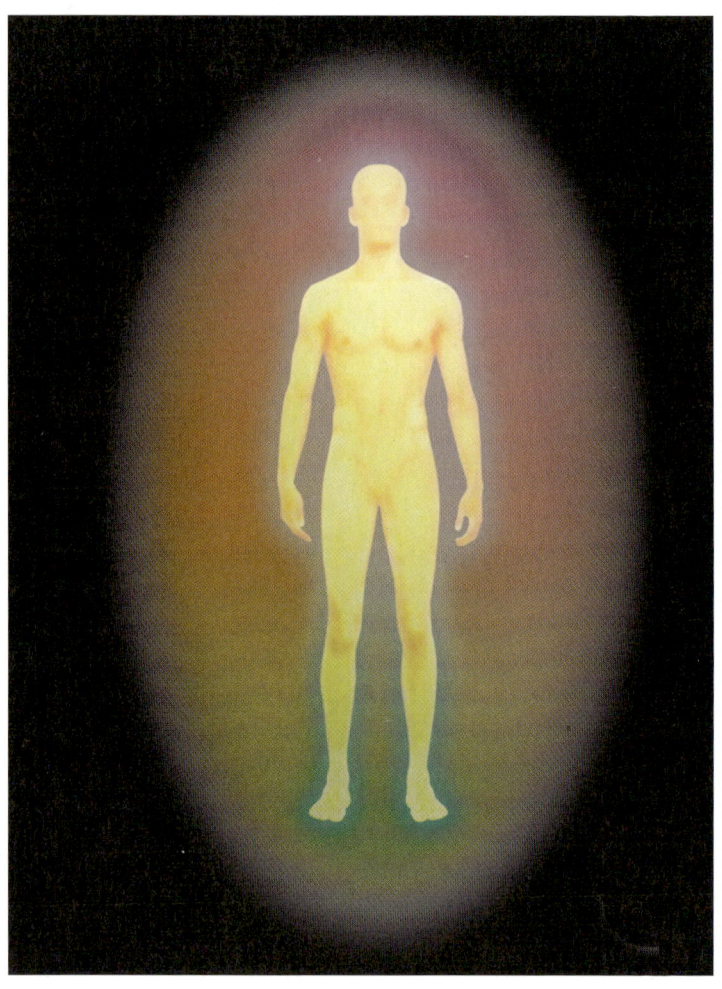

Abbildung 6: Eine Aura mit klar umrissenen, fließenden Farben

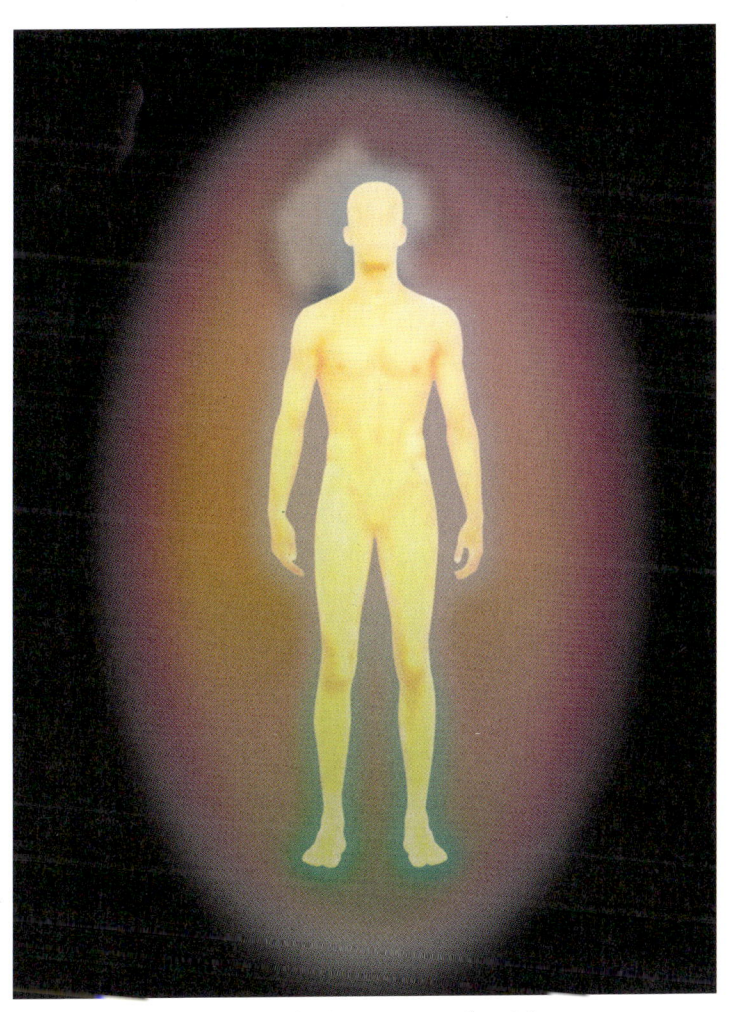

Abbildung 7: Ein Bruch in der Aura, im Kopfbereich

Abbildung 8: Ihre Psyche beeinflusst direkt Ihr Immunsystem

Abbildung 9: Die Energie erden. Visualisieren Sie Baumwurzeln, die aus Ihren Füßen sprießen

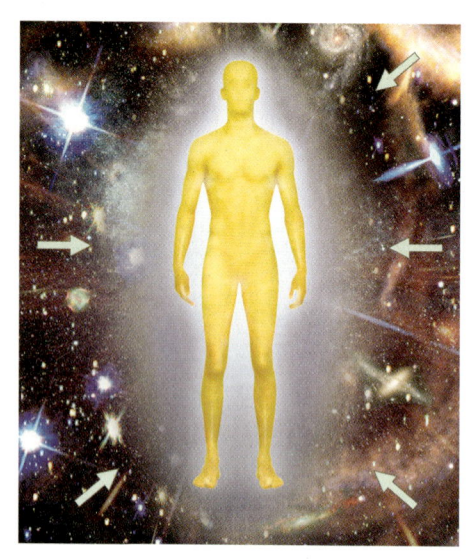

Abbildung 10: Die Energie erden: Die Energie des gesamten Universums in sich hineinsaugen

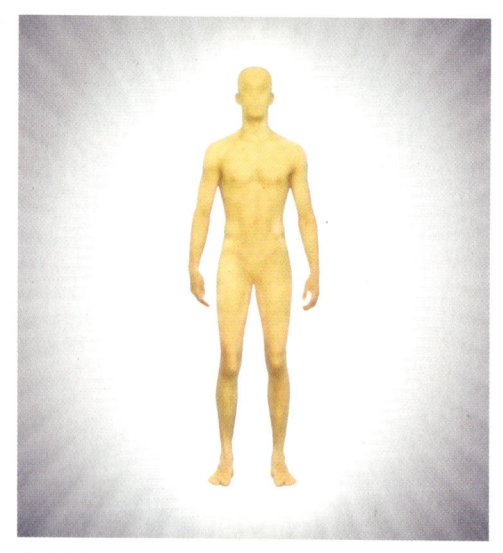

Abbildung 11: Die Energie erden: Ihre ausgedehnte Aura

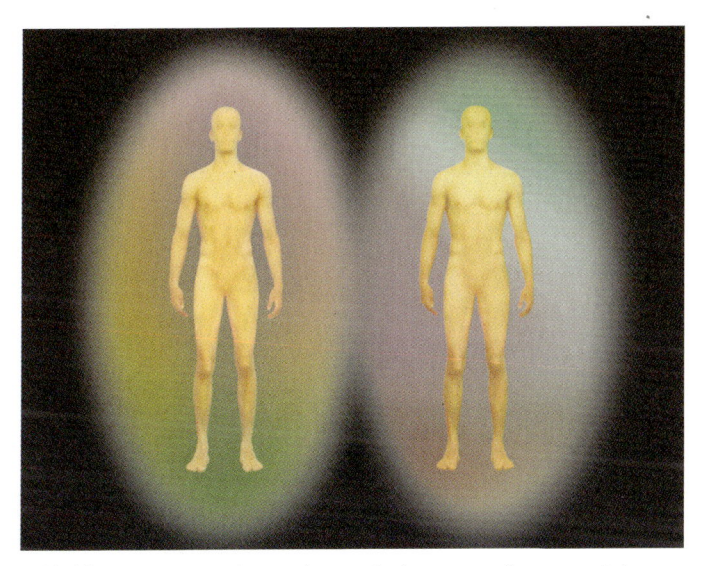

Abbildung 12a: Die eigene Aura mit der von anderen vereinigen: Aneinander haftende Auren

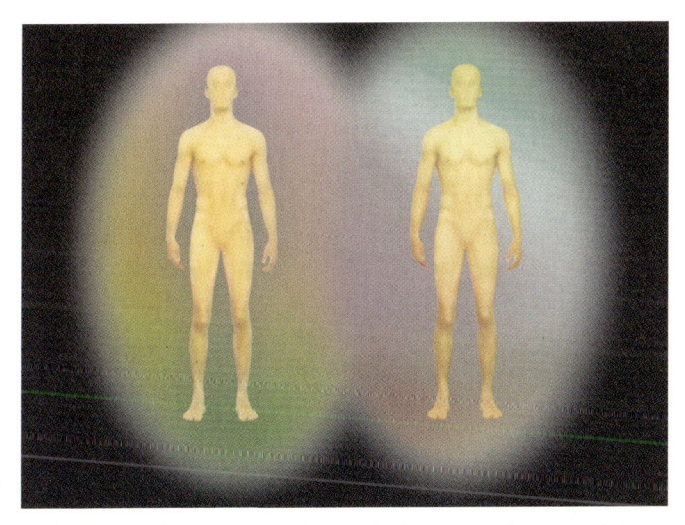

Abbildung 12b: Die eigene Aura mit der von anderen vereinigen: Verschmelzende Auren

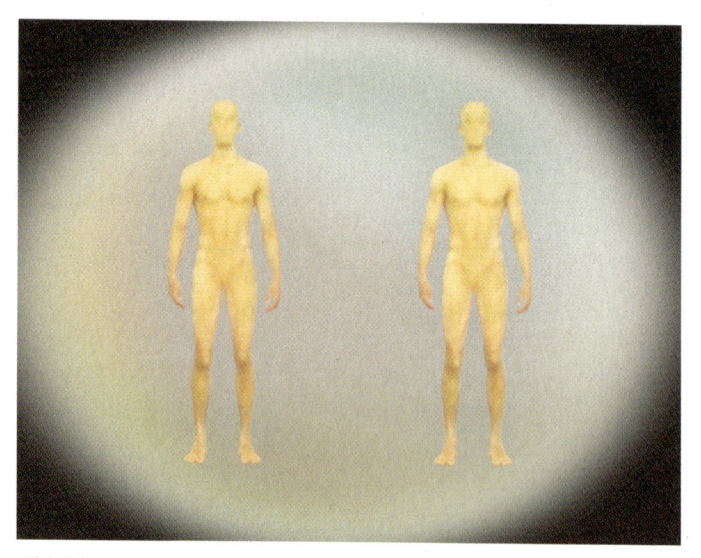

Abbildung 13: Die eigene Aura mit der von anderen vereinigen: Auren sind eine Einheit

Abbildung 14: Energie bei einer Gruppenbehandlung

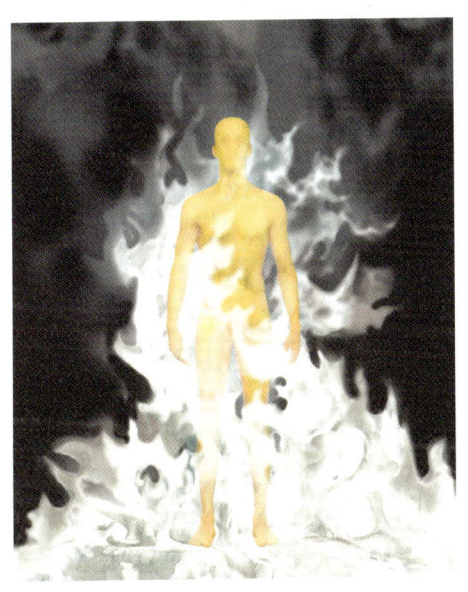

Abbildung 15: Feuer-Visualisierung: Flammen hüllen Ihren Körper ein

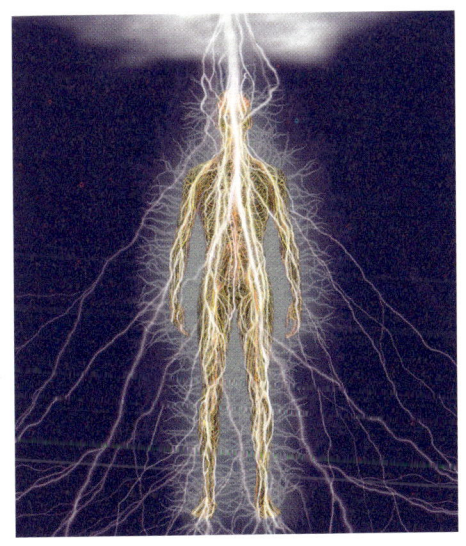

Abbildung 15: Feuer-Visualisierung: Flammen hüllen Ihren Körper ein

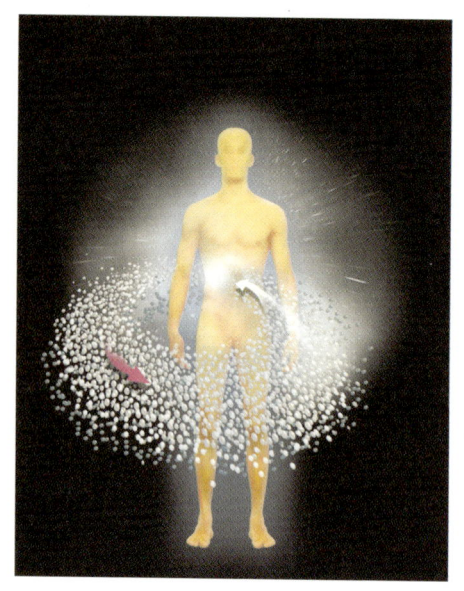

Abbildung 17: Visualisierung schlauer Energiepakete: SEPs umschwirren das Problem

Abbildung 18: Explosions-Visualisierung: Vom Ort der Explosion breiten sich Energiewellen aus, wobei Bruchstücke des Problems verdampfen

Abbildung 19: Wasserfall-Visualisierung: Flüssige Energie ergießt sich über und durch Ihren Körper

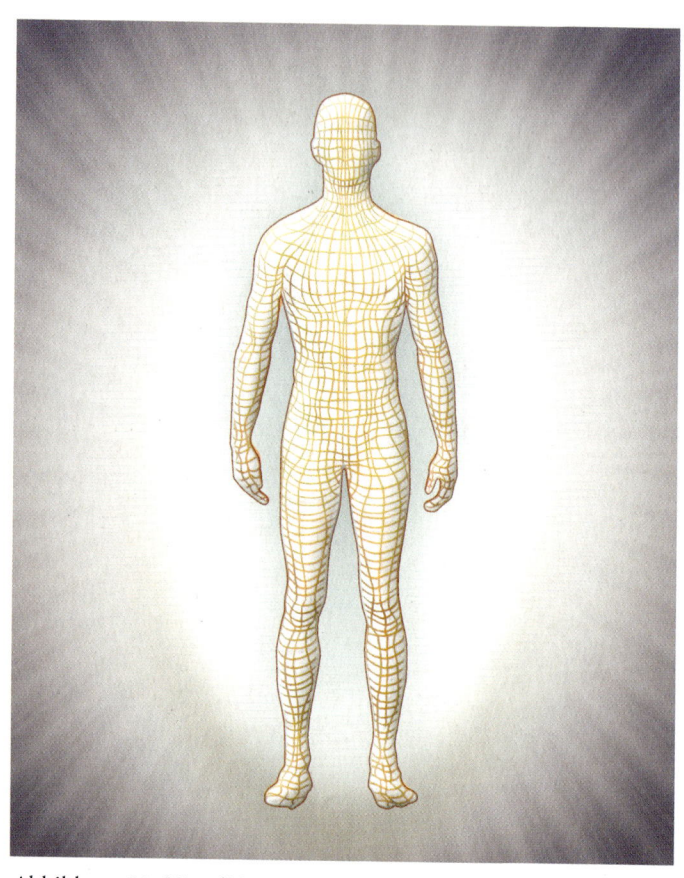

Abbildung 20: Visualisierung „Strukturiertes Energie-Raster": Ein dreidimensionales Raster in Form Ihres Körpers

Abbildung 21a: Visualisierung bei Krebs: Kanzeröser Tumor

Abbildung 21b: Visualisierung bei Krebs: Weiße Blutkörperchen umgeben den Tumor

Abbildung 22a: Visualisierung bei Krebs: Weiße Blutkörperchen zerstören den Tumor

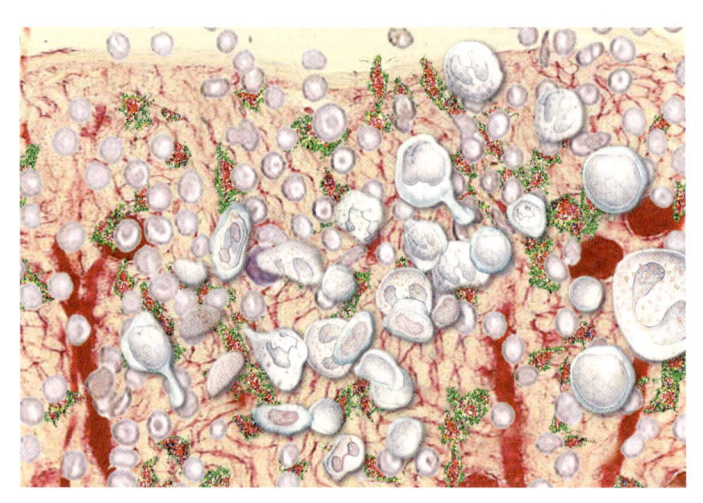

Abbildung 22b: Visualisierung bei Krebs: Normale Zellen bleiben zurück; der Tumor ist verschwunden

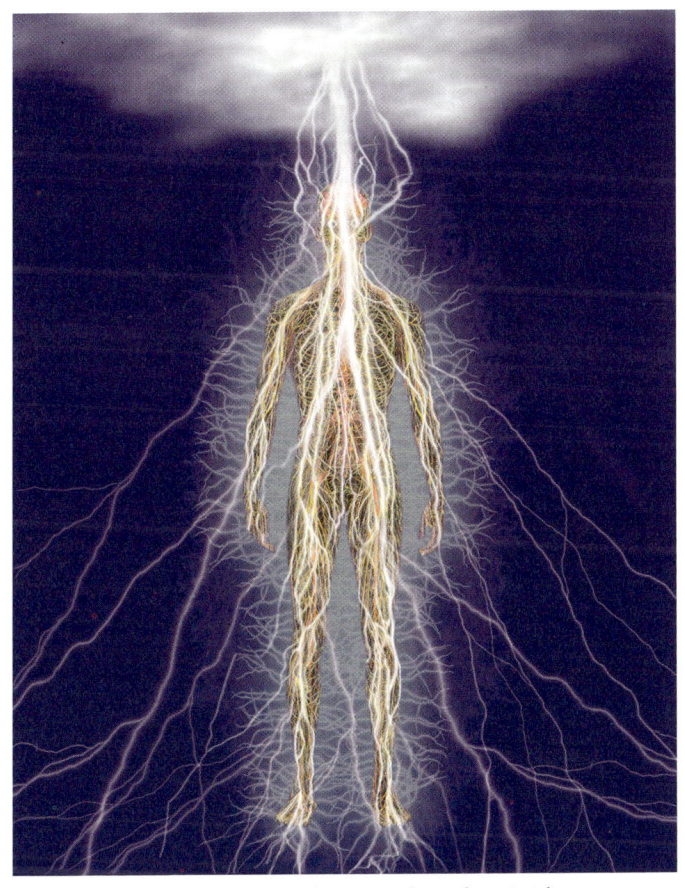

Abbildung 23: Visualisierung bei neurologischen Leiden:
Blitze durchrasen Ihr Nervensystem

Abbildung 24a: Visualisierung bei Atemwegserkrankungen: SEPs inhalieren

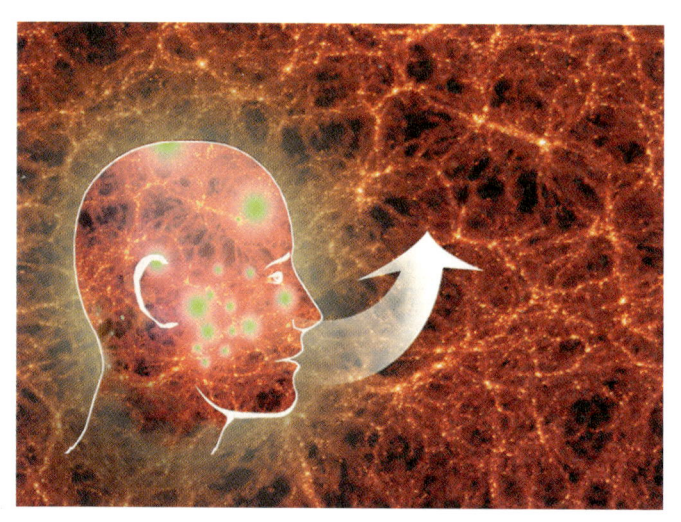

Abbildung 24b: Visualisierung bei Atemwegserkrankungen: Die mit Verschmutzungen beladenen SEPs werden ausgeatmet

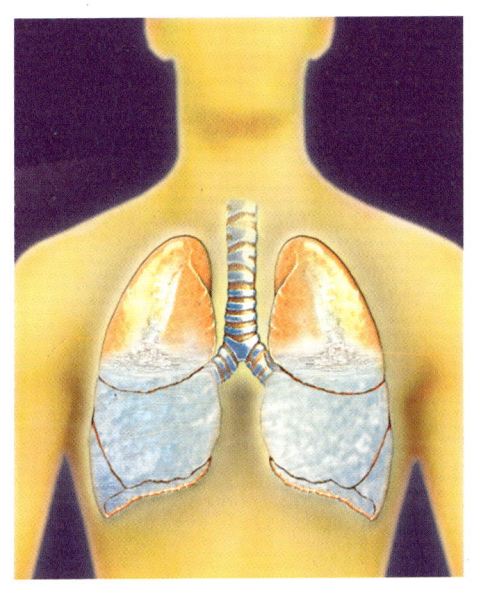

Abbildung 25: Visualisierung bei Atemwegserkrankungen: Die Lungen saugen flüssige Energie auf und dehnen sich

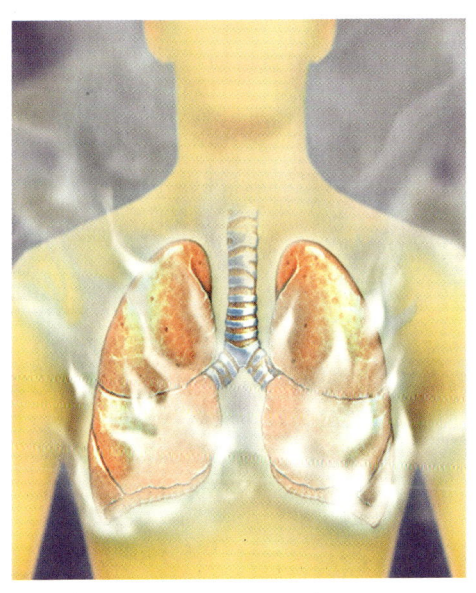

Abbildung 26: Visualisierung bei Atemwegserkrankungen: In einem lodernden Feuer verdampft Ihr Problem

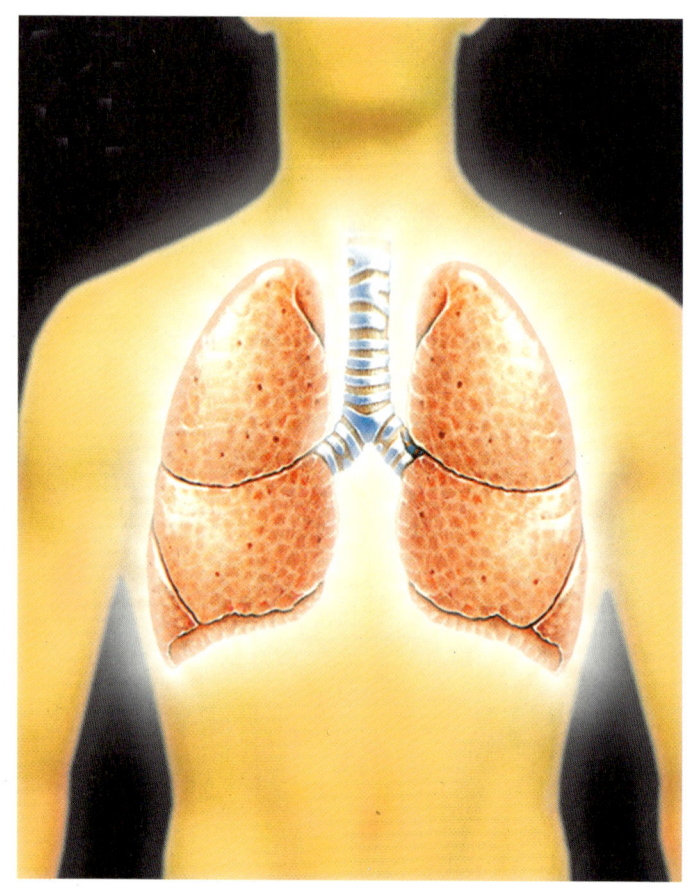

Abbildung 27: Visualisierung bei Atemwegserkrankungen: Saubere Lungen

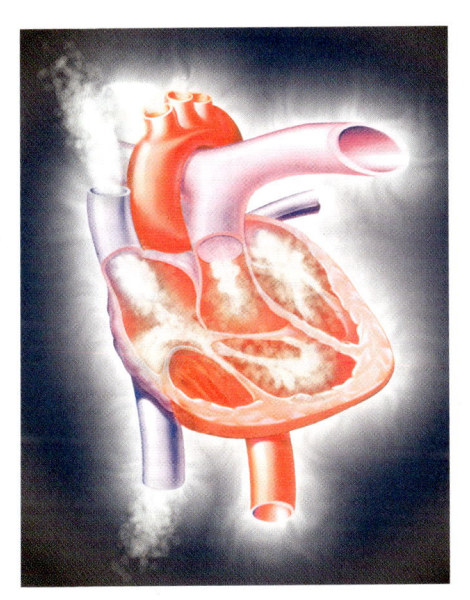

Abbildung 28: Visualisierung bei Herzleiden: Leuchtende Energie füllt das Herz

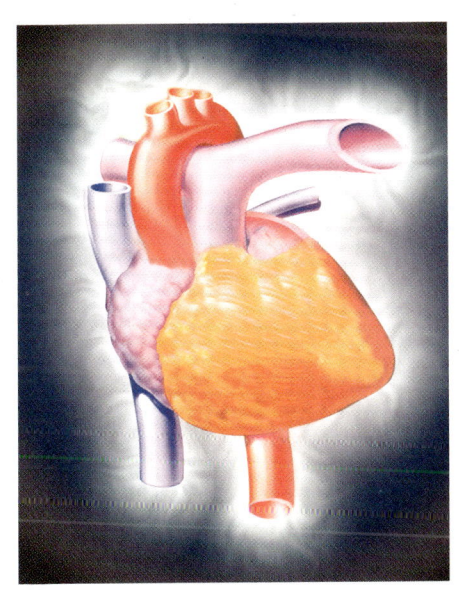

Abbildung 29: Visualisierung bei Herzleiden: ein ruhiges, entspanntes Herz

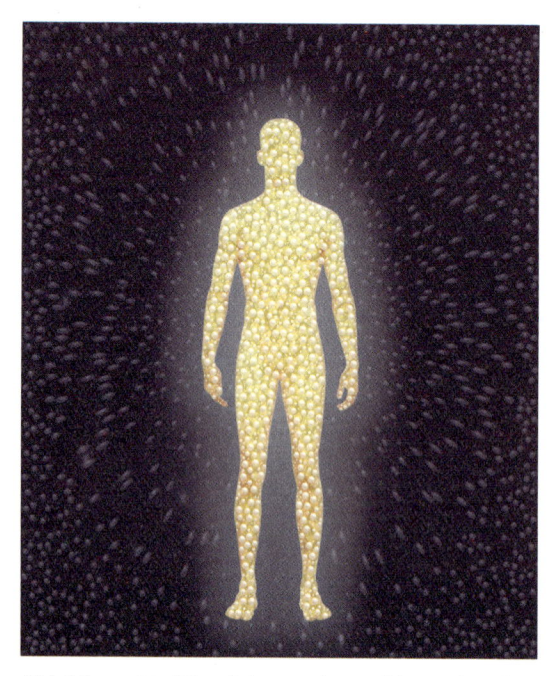

Abbildung 30: Visualisierung bei Infektionskrankheiten: SEPs verteilen sich im ganzen Körper

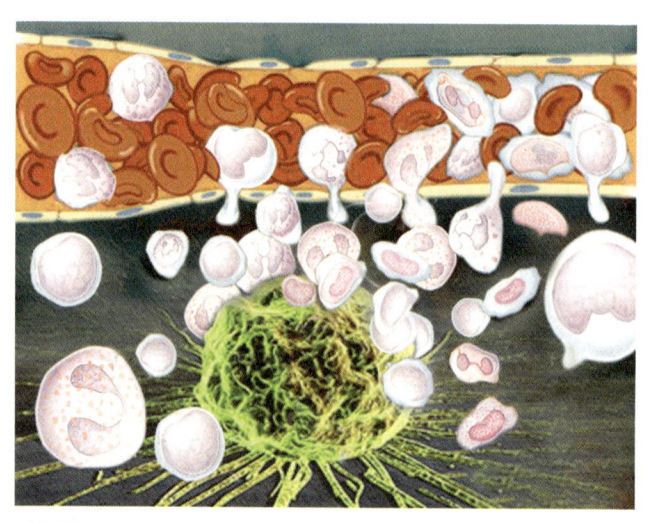

Abbildung 31: Visualisierung bei Infektionskrankheiten: Weiße Blutkörperchen attackieren das Problem

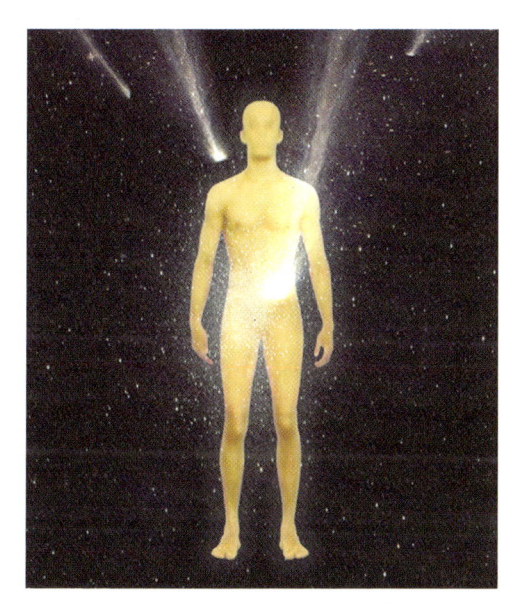

Abbildung 32: Visualisierung bei Infektionskrankheiten: Örtlich begrenzte Explosion

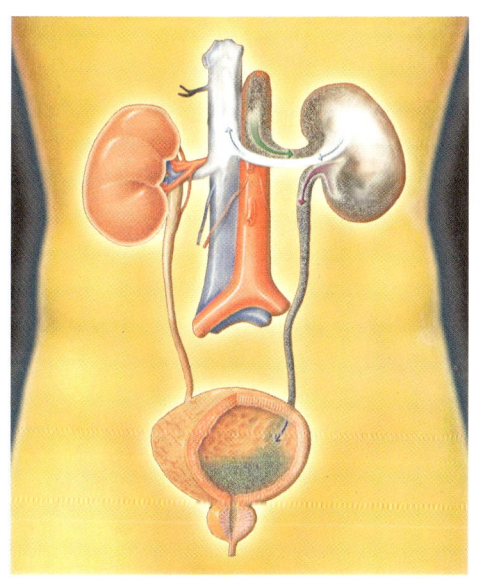

Abbildung 33: Visualisierung bei Infektionskrankheiten: Die Nieren filtern schlechtes Blut heraus

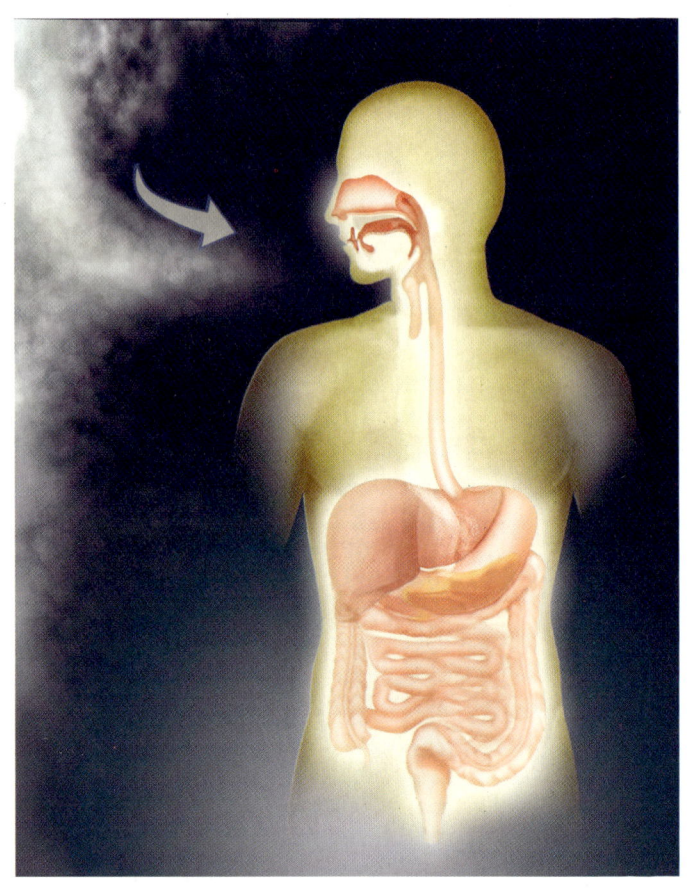

Abbildung 34: Visualisierung bei Magen-Darm-Problemen:
Der Verdauungstrakt absorbiert pure Energie

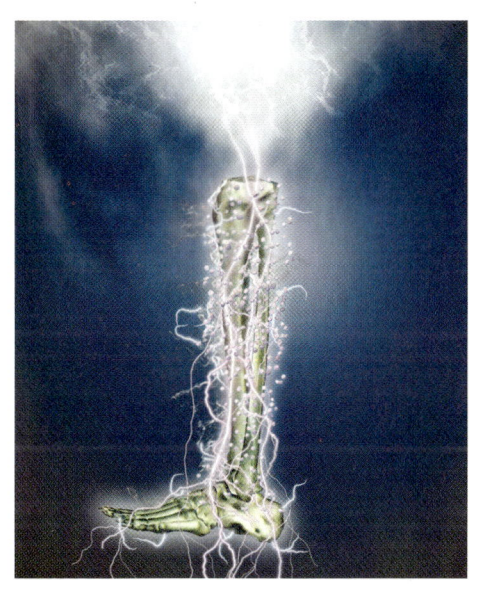

Abbildung 35: Visualisierung bei Gelenkbeschwerden: Ein Blitz durchfährt das ganze Gelenk

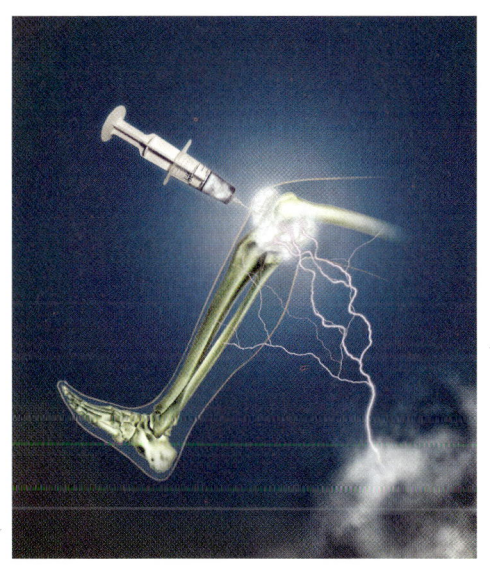

Abbildung 36: Visualisierung bei Gelenkbeschwerden: Flüssige weiße Energie wird injiziert

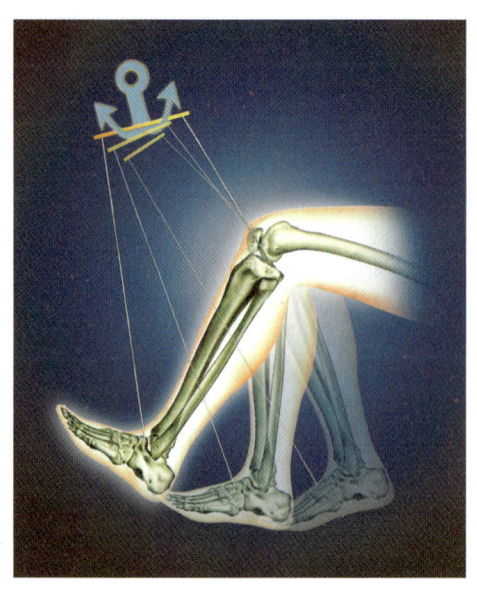

Abbildung 37: Visualisierung bei Gelenkbeschwerden: Drähte entlasten Ihr Gelenk nach allen Richtungen, während Sie Ihren Bewegungsspielraum prüfen

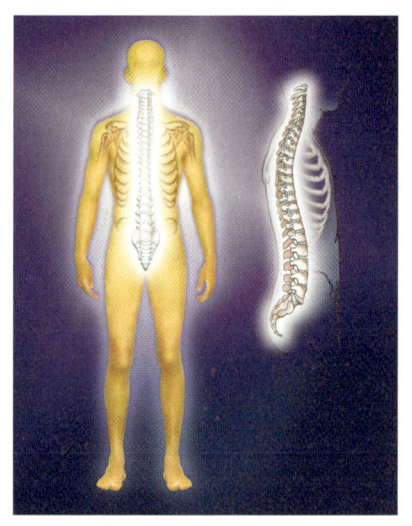

Abbildung 38: Visualisierung bei Rükkenverletzungen: eine leuchtend weiße, biegsame Stange verläuft durch Ihre Wirbelsäule

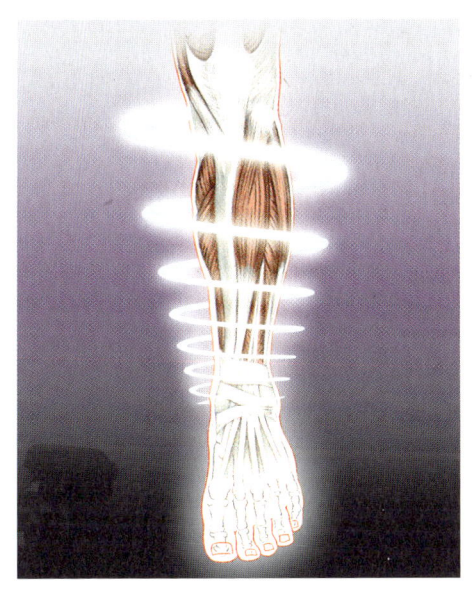

Abbildung 39: Visualisierung bei Muskelverletzungen: Eine Energiespirale hüllt den verletzten Muskel ein

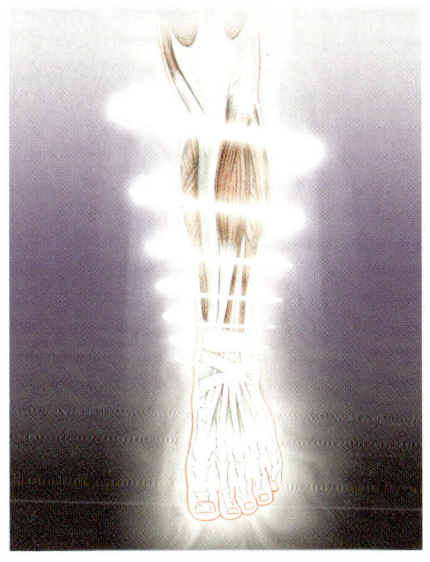

Abbildung 40: Visualisierung bei Muskelverletzungen: Leuchtende Energie badet den Muskel

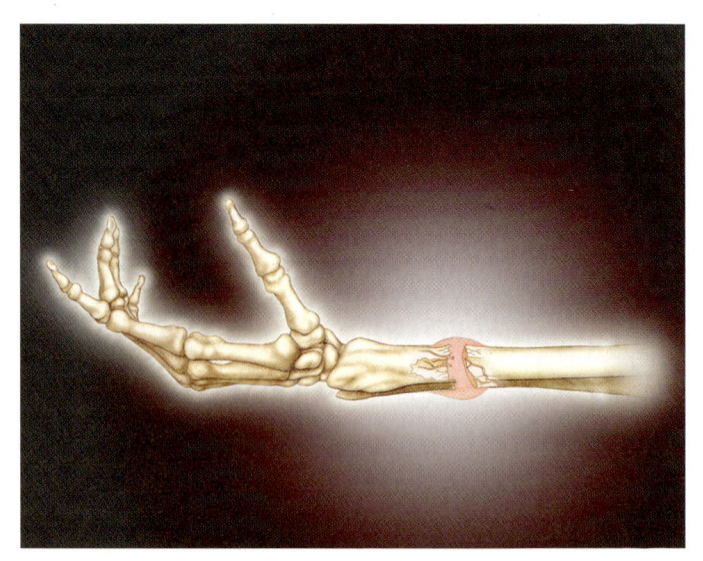

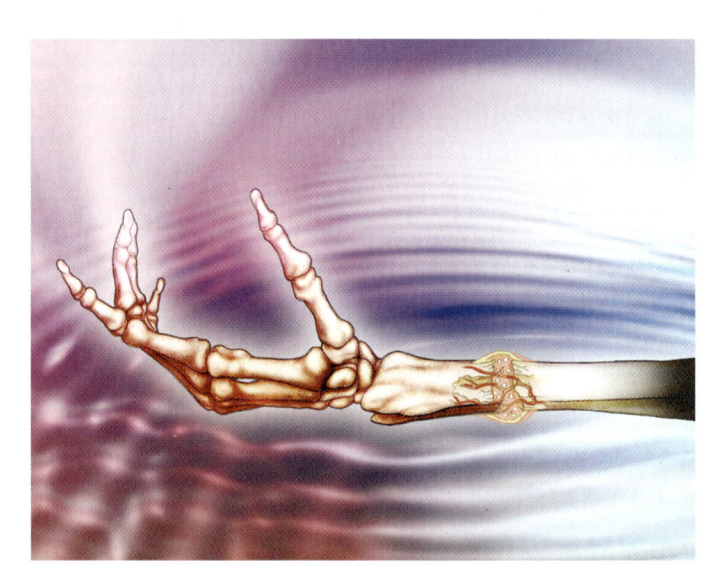

Abbildung 41: Visualisierung bei Knochenbrüchen:
Der Bereich der Fraktur absorbiert leuchtend weißes Licht

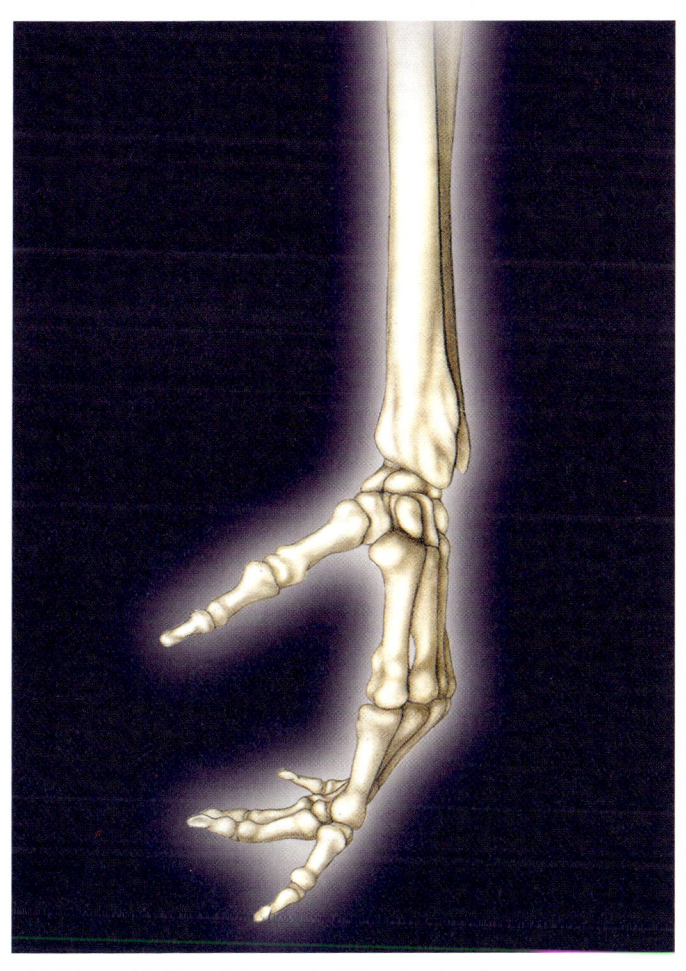

Abbildung 13: Visualisierung bei Knochenbrüchen:
Die geheilte Fraktur

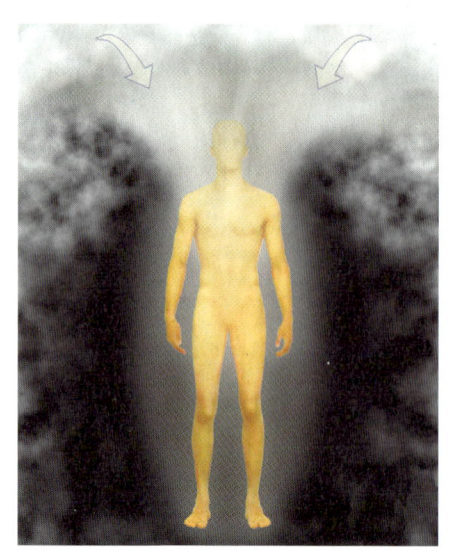

Abbildung 44: Visualisierung bei Erschöpfung und emotionalen Problemen: Die gesamte Energie des Universums über den Scheitel in den Körper lenken

Abbildung 45: Visualisierung bei Erschöpfung und emotionalen Problemen: Ihre überschäumende Energie explodiert in alle Richtungen

der Cree gibt es ein Wort, „mamaweska", das einen Begriff ausdrückt, für den unsere Sprache sieben Wörter braucht: „Unsere universelle Verbundenheit mit jedem und allem". Visualisierungen und Träume sind ein Grundelement der Kultur der Ureinwohner und haben große Bedeutung. Wir täten gut daran, von unseren indianischen Nachbarn diese Verbundenheit wieder zu lernen. Menschen indianischer Abstammung ist klar, dass Energie alles erfüllt und umgibt. Sie sind sich bewusst, dass sie alles verbindet und beeinflusst. Diese Verbindung mit der Natur und ihrer universellen Energie wird mit äußerstem Respekt behandelt.

Kurz nachdem ich mit der Arbeit in den Heilungsgruppen angefangen hatte, wurde ich als einer von zehn Heilern zum „Nekaneet First Nations International Healing Gathering" eingeladen, das im Sommer 2003 in Saskatchewan stattfand. Gastgeber war das Volk der Nekaneet, das zu den Cree gehört. Es war solch eine Ehre, dabei zu sein.

Bald nach der Ankunft unserer Familie nahm man uns mit in das windige Grasland, wo die Nekaneet seit vielen Jahrhunderten leben. In einem Heilungskreis mit einer Feuerstelle in der Mitte wurden zehn Tipis aufgestellt. Ich durfte mir für meine Behandlungen ein Tipi aussuchen. Wir waren relativ früh angekommen, und so war erst eines belegt. Ich brauchte nicht lange, um eines mit einem kleinen dichten Wäldchen im Rücken zu wählen. Ein leichter Wind wehte den süßen Duft des Grases herbei.

Um die Jungreiter ankommen zu sehen, gingen wir schnell zu den anderen, die auf dem Weg herankamen. Inmitten der sanft geschwungenen Hügel in der Ferne konnte man einen Reiter sehen. Bald waren es mehr als ein Dutzend, die alle auf uns zuritten. Es war ein magischer Anblick, der einen an vergangene Jahrhunderte erinnerte.

Der Anführer der Prozession reckte einen Adlerstab in die Höhe. Die Reiter wurden von den Stammesältesten begrüßt, die das Bindeglied zwischen Vergangenheit und Zukunft bilden, indem sie ihr Wissen weitergeben. Eine Zeremonie zu Ehren der Reiter begann. Es war eine Ehrfurcht gebietende Szene. Am nächsten Morgen wurde die Versammlung mit dem traditionellen Heilungstanz um das Feuer eröffnet, zu dem getrommelt und gesungen wurde. Dann machte ich in meinem Tipi den ganzen Tag Behandlungen.

Für das Volk der Nekaneet und die anderen, die an dieser Versammlung teilnahmen, war selbstverständlich, dass es beim Weg der Heilung um das Gleichgewicht zwischen Körper, Geist und Seele[7] geht. Sie waren sich bewusst, dass die Seele der intuitive Teil des Selbst ist. Auch waren alle überwältigt von dem Gefühl, dass schon allein, in solch einer schönen Umgebung sein zu dürfen, therapeutisch wirksam war; es war der perfekte Ort für eine innere Einkehr. Ich hatte auch die Ehre, mit einigen Schamanen arbeiten zu dürfen, und lernte ihre traditionellen Methoden besser verstehen.

Die Ältesten und die Organisatoren der Ureinwohner zeugten von der unglaublichen Hingabe und dem enormen Einsatz, der auch ihre Kultur und ihren Lebensstil lebendig erhalten hat. Die mächtige Energie und Gefühlsbewegung, die ich bei dieser Versammlung gespürt habe, werde ich nie vergessen. Die traditionellen Heiler gaben alles, um jedem einzelnen Hilfesuchenden zu helfen. Viele Stunden lang leisteten sie in der heißen Sonne jedem Hilfe, der kam, und teilten ihr Wissen und ihre Fertigkeiten miteinander.

Da für die Heilbehandlungen bei mir Hunderte Schlange standen, entschied ich mich, am besten Gruppensitzungen zu machen. Vorher hatte ich nur Gruppensitzungen für Menschen mit ähnlichen Beschwerden gemacht. Trotzdem fing ich jetzt mit gemischten Gruppen an. In meinem Tipi hatten zwölf Leute gut Platz, also behandelte ich vier Zwölfergruppen pro Tag, zusätzlich zu ein paar Einzelsitzungen. Jeder verstand, entweder aufgrund kultureller Prägung oder persönlichen Interesses, die Grundlage energetischer Heilung, was die Einführung in das Thema sehr erleichterte. Die Gruppensitzungen waren ein großer Erfolg. Einmal verließ eine Frau nach einer Sitzung mein Tipi, ohne ihren Gehstock zu benutzen. Mein Vater entdeckte den Stock, rannte hinaus, um ihn ihr zu geben, und rief: „Ich glaube, den brauchen Sie nicht mehr, oder?" Es gab ein großes Gelächter.

Am letzten Tag der Versammlung standen dreihundert Leute auf meiner Warteliste, also beschloss ich, etwas Neues auszuprobieren. Ich bat die Ältesten um Erlaubnis, das große Freilichtzelt für eine Gruppenheilung zu benutzen. Sie waren einverstanden, und es wurde per Lautsprecher angekündigt. Hunderte von Leuten kamen.

Ich schaute mir die Menge an, die das Zelt füllte, und erkannte schnell, dass viele mit der Idee des Erdens der Energie nichts würden anfangen können, obwohl die meisten mit Energiebehandlungen vertraut waren, und dass eine Gruppenheilung nicht machbar war. Also forderte ich stattdessen die ersten beiden Reihen zur Gruppensitzung auf. Das waren insgesamt etwa 85 Menschen. Alle anderen mussten nach hinten rücken, um die Energie der ausgewählten Gruppe nicht zu stören.

Die Ergebnisse waren faszinierend – für mich und alle anderen. Wir spürten alle, dass eine kraftvolle heilende Verbindung zustande gekommen war. Ich hörte unzählige Geschichten über gesundheitliche Veränderungen, als ich mit der Gruppe nach der Sitzung sprach. Die unmittelbar positivsten Veränderungen gab es bei Schmerz- und Atemproblemen. Später hörte ich von Leuten mit anderen gesundheitlichen Problemen, dass ihre Beschwerden sich ebenfalls gebessert hatten.

Interessant war, dass die Visionen, welche die Menschen während der Sitzung empfingen, ein gemeinsames Thema hatten, das von Person zu Person zu fließen schien. Ein Mann in der Mitte sagte, dass er ganz deutlich einen aufsteigenden Adler mit gespreizten Schwingen und wehendem Gefieder gesehen habe. Andere neben ihm sahen ebenfalls Federn und spürten

Wind im Rücken. Diese Vision wurde allmählich zu einem starken, von hinten kommenden Wind. Es war unglaublich, wie die Menschen sich in diesem Zustand miteinander verbanden. Überwältigt von der Energie im Zelt, hatten viele Tränen in den Augen. Für mich war es eine sagenhafte Lern-Erfahrung. Aus der Not heraus hatte ich entdeckt, dass viele Menschen an einer kollektiven Behandlung teilnehmen konnten.

Heilungs-Workshops in der Gruppe

Seit meiner Erkenntnis, dass Gruppenbehandlungen möglich sind, habe ich in ganz Nordamerika zahlreiche Gruppenworkshops abgehalten. Meine Absicht ist, so vielen Menschen wie möglich zu helfen. Währenddessen lerne ich auch meine Fähigkeiten ständig besser kennen.

Die Hauptsache, die ich bei diesen Workshops immer betone, ist, dass jeder die Fähigkeit hat, etwas für seine Gesundheit zu tun. Genauer gesagt: Ich mache diese Workshops, um den Menschen zu helfen, ihre Gesundheitsprobleme selbst in den Griff zu bekommen, und nicht, um sie für sie zu lösen. Der Gruppenaspekt der Behandlung sorgt für eine starke energetische Verbindung, welche die Selbstheilungsfähigkeit steigert. Wenn man diese Verbindung erlebt hat, wird es einfacher, sich selbst zu heilen. Nichts prägt sich mehr ins Gedächtnis ein als die Erfahrung. Diese Verbindung zu spüren, hat viel mehr Kraft als irgendein Schulwissen darüber. Und das nehmen die Menschen aus meinen Workshops mit.

In den Workshops erkläre ich das, was ich mache, so einfach wie möglich und beschreibe die Bewegung der Energie genau so, wie ich sie sehe. Ich liefere sowohl die wissenschaftlichen Erklärungen als auch die einfachen Vergleiche für das Heilungsphänomen, und dadurch kann jeder ein grundlegendes Verständnis des Heilungsprozesses gewinnen.

Genauso wie meine Fähigkeiten sich entwickeln, entwickeln sich auch meine Workshops. Mein erster Workshop hatte nur zwölf Teilnehmer. Allmählich ist die Zahl bis auf einige hundert gestiegen. Die geschlossene und konzentrierte Energie dieser Gruppensitzungen ist sehr mächtig. Ich bekomme immer noch viele Anfragen nach Einzelbehandlungen und erinnere die Leute immer daran, die Kraft von Gruppenbehandlungen nicht zu unterschätzen.

Die Workshops haben sich für viele Menschen als exzellenter Schritt in Richtung Gesundheit erwiesen. Derzeit besteht jeder Workshop aus zwei Gruppenbehandlungen, die für jeden hilfreich sind, ob er nun ein akutes gesundheitliches Problem hat oder nicht. Für Menschen, die für subtile Energien sehr empfänglich sind, reicht manchmal schon eine Gruppenbehandlung, damit sie zur Gesundheit zurückfinden. Während dieser Gruppensitzungen spüren die Teilnehmer, wie es ist, sich an heilende Energie anzuschließen, für die ich ein Kanal bin.

Wenn Menschen diese Verbindung einmal gespürt haben, können sie von sich aus leichter und bereitwilliger zu ihr zurückkehren und ihre Selbstheilung fortsetzen. Es ist wie Fahrrad fahren: Wenn wir diesen scheinbar unmöglichen Balanceakt einmal gemeistert haben, gewinnen wir eine Fähigkeit, die wir das ganze Leben nicht mehr verlernen.

Arbeitsschritte
von Gruppenheilungs-Workshops

Zu Beginn eines Workshops bringe ich den Teilnehmern als Erstes bei, die Energie zu erden, um die Aura auszudehnen, und zweitens, ihre Aura mit den andern um sie herum zu vereinigen. Obwohl das Erden immer hilfreich ist, ist für eine Gruppenheilung nur das Vereinigen der Auren notwendig.

Schritt I: Die Energie erden, um die Aura auszudehnen

1. Visualisieren Sie Baumwurzeln, die aus Ihren Füßen sprießen. Diese Wurzeln verzweigen sich zu immer neuen Wurzeln, bis die gesamte Energie der Erde von Ihren Wurzeln umschlossen ist (siehe Abbildung 9).
2. Beim Einatmen ziehen Sie die unendliche Energie der Erde zu sich herein. Wenn Sie mit dieser Energie ganz gesättigt sind, wird Ihre Aura sich von allein ausdehnen, da schon allein die Absicht genügt, es Wirklichkeit werden zu lassen.
3. Beim Ausatmen schieben Sie die Energie, die nun in Ihrem Kopf ist, im Körper wieder hinunter und zu den Füßen hinaus und verbinden sich dadurch mit der Erde.

Eine andere Methode des Erdens ist die Vorstellung, in einem Vakuum zu sein. Beim Einatmen fühlen Sie, wie die Energie des gesamten Universums in Sie hineingesogen wird (siehe Abbildung 10). Dadurch wird Ihre Aura sich vergrößern.

Es ist ganz gleich, welche Visualisierung Sie machen, solange Sie die Absicht haben, Ihre Aura zu erden und auszudehnen. Abbildung 11 zeigt, wie Ihre ausgedehnte Aura aussehen könnte. (Wenn Auren verschmelzen, sehen sie weiß oder grau aus, während die Gruppe eine übergreifende gemeinsame Frequenz erreicht.)

Energie ist durch Intention leicht zu beeinflussen. Mit der einfachen Absicht, überschüssige Energie aufzunehmen, tut man genau das: Energie aufnehmen. Ist man von dieser Energie ganz gesättigt, kann die Energie nur noch nach außen dringen. Folglich dehnt sich die Aura aus.

Schritt 2: Vereinigen Sie Ihre Aura mit den Auren der Menschen um Sie herum

Wenn die Aura sich ausgedehnt hat, hat sie die zeitweilige Fähigkeit, mit anderen Auren im selben ausgedehnten Zustand zu verschmelzen. Nun kann die Gruppe ihre Auren zu einer Aura vereinigen.

Wenn Sie die Aura sich haben ausdehnen lassen, verlagern Sie nun Ihr Augenmerk darauf, die Auren miteinander zu verbinden. Visualisieren Sie, wie Ihre Aura mit den Auren der Menschen um Sie herum verschmilzt – so, wie zwei Blasen im Schaumbad zu einer größeren Blase werden –, bis es keine Trennung zwischen den Personen mehr gibt. Die Abbildungen 12 (a und b) und 13 zeigen diesen Prozess. Aus der Vogelperspektive würde man eine einzige große Aura sehen, die den Raum ausfüllt. Wenn Menschen nahe beisammen sind, kleben ihre Auren zusammen. Sie verbinden sich nicht total, aber sie haften irgendwie aneinander. Wenn die Energie der Teilnehmer geerdet und etwas aufgeladen ist, ist dieses Zusammenkleben ausgeprägter.

Schritt 3: Das Muster-Hologramm

Nun ist die Gruppe zu einer Einheit verschmolzen. Es ist dieselbe Einheit, die in kleinerem Maßstab in jedem von uns offensichtlich ist. Ihr Körper ist aus Trillionen von Zellen zusammengesetzt, und jede Zelle hat eine andere, eigene Aura. In einer größeren Dimension sind diese Zellen alle in harmonischem Einklang miteinander und bilden Ihre vollständige und einheitliche Aura. Genauso, wie die Aura jeder Zelle in uns sich zu unserem Nutzen mit den anderen verbindet und mit ihnen zusammenarbeitet, können alle unsere Auren verbunden werden, um jedem in der Gruppe zugute zu kommen.

Was vor mir auftaucht, ist ein Muster-Hologramm – das Bild eines Körpers, in dem alle Probleme dieser Gruppe versammelt sind. Eine Veränderung im Muster-Hologramm beeinflusst jeden in der Gruppe. Bei einer Gruppe von mehreren hundert Teilnehmern mit verschiedenen gesundheitlichen Problemen ist es unmöglich, jedes Detail im Muster-Hologramm im Auge zu behalten. Ich kann jedoch über dieses Muster-Hologramm so viel Energie wie möglich schicken, und manche Menschen brauchen nicht mehr, um ihr Problem zu beheben. Es ist schwierig, bildlich darzustellen, was ich bei einer Gruppenbehandlung energetisch sehe und bearbeite, aber Abbildung 14 vermittelt eine ungefähre Vorstellung.

Wenn das Muster-Hologramm vor mir auftaucht, findet eine intelligente Kommunikation von Energie-Informationen statt. Das ermöglicht es mir, heilende Informationen zu empfangen und dahin zu senden, wo sie gebraucht werden. Wenn ich beispielsweise Informationen empfange und aussende, die Veränderungen hinsichtlich der Rückenschmerzen von jemandem betreffen, dann empfangen diese Informationen nur die, die sie brauchen. In jeder Gruppe spreche ich während der rund zwanzigminütigen Sitzung so viele Körperbereiche wie möglich an. (Und, wie ich bereits erwähnt habe, Gruppenheilungen sind noch wirksamer, wenn jeder in der Gruppe eine weitverbreitete Krankheit hat. Wenn ich das Muster-Hologramm auf diese spezifische Krankheit einstelle, kommt das allen in der Gruppe direkt zugute.)

Während ich mit dem Muster-Hologramm arbeite, machen die Gruppenmitglieder gleichzeitig ihre individuellen Visualisierungen, wie ich sie ihnen skizziert habe. Irgendwie scheint jeder zu wissen, wohin er oder sie seine heilende Energie schicken muss. Jeder Mensch weiß selbst am besten, was er oder sie braucht. Das ist nicht unbedingt ein bewusster Gedanke, obwohl die Leute oft mit Sorgen wegen einer bestimmten Sache zu den Workshops kommen. Ich sage den Teilnehmern, sie sollen ihre Energie ganz natürlich überall hin fließen lassen, wo der Körper sie braucht, denn heilende Energie ist ein natürlicher

Prozess. Positive Intentionen bringen nur positive Resultate. Ich erlebe Gruppenbehandlungen ähnlich wie Einzelbehandlungen. Während jeder Behandlung wird alles im Raum irgendwie dunkel, und dann sehe ich ein dreidimensionales Bild, ein Hologramm vor mir. Als Nächstes erscheint vor mir die Information in einem Format, das an einen Computerbildschirm erinnert. In verschiedenen Ebenen oder Untergruppen kann ich auf die Information zugreifen. Ich zoome mich näher heran oder weiter weg, je nachdem, wie es am klarsten und vorteilhaftesten ist. Dann kann ich, mit der Energie meiner fokussierten Intention, im Hologramm Dinge hinzufügen oder löschen, um Veränderungen auszulösen. Die gesamte Information hat eine Form, die ich mit meinen Intentionen manipulieren kann.

Körperlich tue ich währenddessen nichts anderes, als Arme, Hände und Finger zu bewegen. Ich wurde mir dessen erst bewusst, als meine Eltern es mir erzählten und mein Vater mich filmte. Diese Bewegungen leuchten mir ein: Nonverbale Kommunikation – Körpersprache – wird oft eingesetzt, um das Gesagte zu unterstreichen.

Bei einer Einzelbehandlung verbinde ich mich mit der Person, indem ich mich auf ihre Frequenz einschwinge. Bei einer Gruppenbehandlung suche ich mir, sobald die Auren aller Teilnehmer sich vereinigt haben, willkürlich eine Person aus und verbinde mich mit ihr genauso wie bei einer Einzelbehandlung. Einen Moment lang sehe ich nur das Hologramm dieses Menschen. Im nächsten Moment sehe ich das Bild sich verzweigen und jeden in der Gruppe umfassen; d.h., ein Muster-Hologramm taucht auf, mit dem ich dann arbeite.

Bei dieser gemeinsamen Erfahrung der Heilung in der Gruppe hat jeder seine Rolle. Ich fungiere als Kanal für die Energie und als ein Vermittler, der die Energie organisiert und dahin lenkt, wo sie gebraucht wird. Meine primäre Rolle ist, Leuten zu helfen, die für den Zugang zu ihrer heilenden Information optimale Resonanz zu erreichen. Von da an übernimmt ihre eigene Lebensenergie das Steuer, und die Information wird für sie verständlich. Auf diese Weise helfe ich den Menschen, sich an das zu erinnern, was sie vergessen haben. Sie werden in die Lage versetzt, positive Veränderungen zu treffen, um sich selbst zu helfen. Die Anweisung, heil zu werden, kommt von Ihnen – Ihren Absichten –, denn Ihr Geist hat die Weisheit, die Ihren Körper heilt.

Wenn sich alle Auren vereinigen, fange ich mir dann von anderen in der Gruppe schlechte Energie ein?
Diese Frage wird mir ausnahmslos bei jedem Workshop gestellt. Nein, so funktioniert es nicht. Es gibt keine negative Energie. Es gibt auch keine positive Energie. Energie ist einfach das, was durch unsere Absichten gesteuert wird. Es ist sinnlos, der Energie Attribute wie „gut" oder „schlecht" anzuheften, denn sie reagiert und bewegt sich entsprechend Ihren Absichten. Fokussieren Sie alle Ihre Absichten auf Heilung, und es kann nur positive Resultate geben.

Ist eine Gruppenbehandlung mit fünfzig Leuten effektiver als eine mit fünfhundert Teilnehmern?
Das werde ich oft gefragt, denn viele Leute denken, dass die Energie auf die Teilnehmer aufgeteilt wird. Es ist aber nicht so. Ein Heilungs-Workshop ist voller positiver heilender Absichten. Je positiver die Energie, desto mehr kann jeder Anwesende ihre Wirkung und Intensität spüren. Wie im Sprichwort ist geteilte Freude hier wirklich doppelte Freude.

Es gibt viele Studien über die positiven Effekte, die eine Gruppe konzentrierter Menschen bewirken kann, wenn sie ein kollektives Bewusstsein erzeugen. Diese gemeinsame Intention bringt alles in unserer Verbundenheit zum Schwingen und beeinflusst Ereignisse, die über unseren Horizont hinausgehen.

Visualisierungen sind fokussierte Intention. Die Workshops machen es möglich, dass alle Teilnehmer die Kraft der Energie fühlen und lernen, sie in sich zu lenken.

Weshalb meinen Sie, dass man mit Visualisierungen sich selbst positiv beeinflussen kann?
Ich weiß, dass Visualisierungen wirken können, weil ich die Energie fließen sehe. Wenn ein Mensch mit Hilfe von Visualisierungen seine konzentrierte heilende Absicht steuert, sehe ich, wie der Fluss der Energie mit ihm interagiert. Ein gleichmäßiger und harmonisch wirkender Fluss kommt zurück, wobei die Körperenergie sich verlagert und die Gesundheit des Betreffenden beeinflusst.

KAPITEL 6

Die Physik der Energie-Heilung

Krankheit ist aus dem Gleichgewicht geratene Energie.

ADAM

Materie als Energie

Einstein berühmteste Formel, $E = mc^2$, besagt: Wenn man Materie vernichtet, bekommt man eine gewisse Energiemenge heraus. Das bedeutet, dass Materie schlichtweg verdichtete Energie ist und daher alles im Universum Energie ist. Wenn Sie einen Stein in einen Teich werfen, wird durch die Welle jedes Molekül beeinflusst. In derselben Weise sind Gedanken und Absichten eine Form von Energie, die Sie ausstrahlen und die alles im Meer der Energie im Universum beeinflusst.

Wenn wir Materie mit einem Mikroskop näher heranholen, fängt sie an, wie ein Schweizer Käse auszusehen. Je näher wir herangehen, desto deutlicher sehen wir, wie in dem, was einmal wie feste Materie aussah, der leere Raum zunimmt. Mit zunehmender Vergrößerung verschwindet die Festigkeit, und der Raum dehnt sich aus. Wenn wir feste Materie finden würden, wäre sie von unendlicher Dichte, und das ist unmöglich.

Also gibt es feste Materie gar nicht. Je mehr man die Dinge in Einzelteile zerlegt, desto mehr entdeckt man, dass es einfach nur Schwingungen gibt. Im Endeffekt ist jede(r) und alles Energie.

Wenn wir erkennen, dass unser Körper reine Energie ist, können wir die gegenseitige Verbundenheit aller unserer Zellen und aller lebendigen Organismen im Universum würdigen. Unsere Gedanken, Emotionen und mentalen und physischen Energien strahlen in alle Richtungen. Sie beeinflussen andere in unserer Umgebung positiv und negativ.

Die Quanten-String-Theorie besagt, dass Materie Energie ist, und diese ist Frequenz oder Schwingung. Alles im Universum besteht aus Energien, die in verschiedenen Frequenzen und Mustern vibrieren.

Krankheit ist aus dem Gleichgewicht geratene Energie. Aus dem Gleichgewicht geratene Energie zeigt sich in Form verschiedener Beschwerden, je nachdem, wo wir eine Energieblockade entwickelt haben. Energieblockaden, zunächst meistens als Stress erlebt, äußern sich bei jedem Menschen anders. Manche neigen bei Stress eher zu Kopfschmerzen, andere zu Magenschmerzen. Wenn unsere Energiesysteme nicht in einem harmonischen Muster fließen, gibt es eine Kommunikationsstörung. Was ich als unser Gesundheits-Muster bezeichne, ist das Resultat eines harmonischen Fließmusters unserer Energiesysteme.

Das Ziel jeder Zelle ist, mit jeder anderen Zelle harmonisch zu kommunizieren. Auf einen größeren Zusammenhang übertragen, könnte man sagen, dass jedes Lebewesen mit jedem anderen Wesen harmonisch existieren und effizient kommunizieren möchte.

Die Kunstfertigkeit hinter einer Gruppenbehandlung besteht im Verschmelzen dieser Energiesysteme, der Auren, zu einem großen, vibrierenden Energiesystem. Meine Rolle ist es, die Gruppe auf eine kohärente Frequenz abzustimmen, die dieses Verschmelzen ermöglicht – wie der Dirigent eines Orchesters. Dann ist jeder in der Gruppe mit derselben Frequenz in

Resonanz, „eingestimmt", wie man gewöhnlich sagt. Während sich ein kohärentes Energiemuster einstellt, spüren die Menschen diesen Synergie-Effekt der Resonanz auf derselben Frequenz. Heilung findet statt, wenn eine energetische Veränderung oder, genauer gesagt, eine Informations-Anpassung an eine Person in der Gruppe eine identische Veränderung bei jedem in der Gruppe bewirkt. Ich agiere als Kanal, der die Gruppe an diese energetische Veränderung anschließt. Während einer Gruppenheilung sind alle individuellen Auren miteinander verbunden, ohne Grenzen zwischen den individuellen Auren.

Die Natur hat viele Beispiele, wie vibrierende Energien zu einer verschmelzen. Ist Ihnen auch schon einmal aufgefallen, dass alle Vögel eines Schwarms im selben Moment auffliegen, wenn man ihn aufscheucht? Genauso flieht jeder Fisch eines Schwarms, wenn man ihn aufschreckt, gleichzeitig in dieselbe Richtung, als wären alle in einer Art Netz verbunden. Jedes Teilchen in ihrem Körper ist mit jedem anderen verbunden. Der Bewegungsimpuls geht von einem Fisch aus und strahlt unmittelbar in alle Richtungen. Eine lautlose Alarmglocke hat allen eine simple Nachricht übermittelt.

Eine andere Naturgewalt, die man nicht vergessen sollte, ist das Wasser. Ein Tropfen allein hat relativ wenig Kraft, aber viele zusammenfließende Tropfen haben unserem Planeten unzählige Male ein neues Gesicht gegeben. So funktionieren Gruppenbehandlungen. Die Gedanken und Absichten vieler bilden eine Kraft, welche die kollektive Realität anzieht und auflädt.

Das universelle Energiefeld

Wir alle stimmen uns auf unsere verschiedenen Sinne ein, indem wir verschiedene Energiefrequenzen empfangen. Unser sensorisches System arbeitet wie ein Radioempfänger. Stellen Sie sich einen Radio-Abstimmknopf vor, auf dem statt der

Zahlen der einzelnen Sender Wörter stehen, die Erinnerungen auslösen. Während Sie an dem Knopf drehen, stimmen Sie sich auf das ein, was Sie von dieser Erinnerung abrufen können: Bilder, Gerüche, Geräusche, Geschmackserinnerungen, Gefühle. Was immer wir mit unserem sensorischen Radio empfangen, es ist Information aus dem universellen Energiefeld (UEF). Alles, was je existiert hat, wird zu Information, die in diesem Feld aufgezeichnet wird.

Noch die geringste Information, die in unserem Geist vorhanden ist, stammt aus dem universellen Energiefeld. Die Fähigkeit, diese Informationen anzuzapfen, ist von Mensch zu Mensch verschieden. Das ist ein Teil dessen, was jeden von uns einzigartig macht. Gedächtnis ist der Vorgang, bei dem Neuronen im Gehirn Muster bilden und sich an diese Muster erinnern, die uns helfen, uns an spezifische Bereiche des Feldes anzuschließen.

Um es noch ein wenig auszuführen: Wenn wir verschiedene Gedanken haben, ziehen wir eigentlich nur Information aus dem UEF. Unser Denken organisiert, verarbeitet und interpretiert dann diese Information, so dass sie vor Ort relevant wird – das heißt, dass sie für uns in unserer physischen Realität Sinn ergibt. Natürlich sind manche Menschen für dieses Zugreifen auf die Information begabter als andere, genauso wie bestimmte Menschen athletischer sind als andere.

Nicht alle Informationen werden von unseren fünf Sinnen wahrgenommen. Es ist viel effizienter, der sensorischen Ebene auszuweichen und direkt auf das Wissen zuzugreifen. Es ist ein wenig wie Eier aufschlagen: Um zu wissen, was drin ist, muss man das Ei nicht aufschlagen; man weiß es aus Erfahrung und vertraut darauf. Die natürliche Tendenz des Gehirns ist, Information auf möglichst effiziente Weise zu verarbeiten. Weil wir mit allem verbunden sind, kann das Gehirn seine quantenmechanische Fähigkeit zur Informationsverarbeitung nutzen, um Information mit maximaler Effizienz zu interpretieren.

111

Unsere Energie-Anschlüsse

Alle Lebewesen haben eine Energie gemeinsam, die sie miteinander verbindet. Die Energie, die uns verbindet, verhält sich in verschiedenen Frequenz- oder Schwingungsmustern unterschiedlich. Wie ich bereits erwähnt habe, ist das der Grund, weshalb Attribute wie „gut" oder „schlecht" für die universelle Energie ungenau sind. Ganz gleich, welches Schwingungsmuster in einem Körper gerade wirksam ist, es kann nicht auf den Körper eines anderen Menschen übertragen werden, es sei denn, beide wollen diese Übertragung.

Wenn zwei oder mehr Menschen zusammen meditieren oder in einer Gruppenbehandlung ihre Auren vereinigen, synchronisieren sich ihre Gehirnwellen zum geordnetsten und kohärentesten Muster in der Gruppe. Das kann man mit den Körperzellen vergleichen, die im Gleichklang arbeiten und die Aura des Körpers bilden.

Fernheilung

Für viele Menschen ist Fernheilung so etwas wie das Schwenken eines Zauberstabes. So ist es nicht. Zunächst einmal ist die Zusammenarbeit zwischen Heiler und Betroffenem notwendig. Der Heiler macht die Heilung nicht direkt selbst, sondern lenkt einfach das Immunsystem des Betroffenen auf das Problem.

Der Mechanismus des heilenden Kontaktes ist innerhalb der Quantenphysik noch nicht vollständig geklärt. Raum und Zeit – d.h. Bewegung von Punkt A nach Punkt B – spielen in der Quantenwelt der Energie-Verbundenheit keine Rolle. Die heilenden Verbindungen bewegen sich also nicht fort, sondern zeigen sich unmittelbar, wobei sie Prozessen folgen, die wir noch nicht verstehen. Wir wissen aber, dass die positiven

Absichten beider Menschen außerhalb der konventionellen Vorstellungen von Raum und Zeit operieren. Was man erreichen kann, wenn man auf den Quantenbereich zurückgreift, ist praktisch unbegrenzt.

Viele Physiker sagen mittlerweile ebenfalls, dass die Barrieren, die uns voneinander trennen, Illusionen sind. Von da ist es nicht mehr weit bis zu der Einsicht, dass wir alle miteinander verbunden sind. Dann werden wir anfangen, uns selbst als Teil eines Energiesystems zu sehen, das mit dem gesamten Universum verbunden ist.

Ich habe schon gehört, dass Leute mit „schlechter" Energie in Berührung gekommen sind. Was würden Sie denen sagen?
Denken Sie nicht in Begriffen von „guter" oder „schlechter" Energie – das heißt, denken Sie nicht in irgendeiner emotional aufgeladenen Weise an Energie. Sie ist einfach Energie und weder gut noch schlecht. Die Absicht ist die treibende Kraft dahinter.

Kapitel 7

Techniken heilender Visualisierung

*Vertrauen Sie sich
und Ihren positiven Absichten.*

ADAM

Visualisierungen sind konzentrierte oder fokussierte Absichten in Form mentaler Bilder. Eine Visualisierung lenkt Ihr Immunsystem auf das Problem und steuert seine Tätigkeit. Visualisierungen sollten die Realität so genau wie möglich spiegeln, um das Immunsystem so genau wie möglich steuern zu können.

Starke Visualisierungsfähigkeiten werden ein solides Fundament für Ihre Selbstverantwortung schaffen. Sie können diese Fähigkeiten noch weiter verstärken, indem Sie spezielle Strategien anwenden wie etwa die Feinabstimmung Ihrer Visualisierungsfähigkeit, das Projizieren eines Hologramms oder das Wachrufen von Details. Vergessen Sie auch nicht die allgemeinen Verbesserungen hinsichtlich Lebensstil und Lebenseinstellung, wie in Kapitel 4 besprochen.

Feinabstimmung der eigenen Visualisierungsfähigkeit

Eine der wichtigsten Voraussetzungen für das Heilen ist die Fähigkeit, eine Feinabstimmung der Visualisierungen zu treffen – der lebhaften Bilder vor dem geistigen Auge. Eine Intention in bezug auf einen Schnitt wäre beispielsweise einfach, dass er heilt. Eine Visualisierung kann und sollte viel detaillierter sein. Visualisieren Sie z.b. in Ihrem Geist Schritt für Schritt den gesamten Heilungsprozess. Zuerst sehen Sie, wie die Blutplättchen um die Wunde herum verklumpen. Dann stellen Sie sich vor, wie der ganze Heilungsprozess abläuft, bis in Ihrem Geist kein Zweifel mehr besteht, dass er abgeschlossen ist und Sie geheilt sind.

Die passenden Visualisierungen finden Sie am schnellsten, wenn Sie das zu heilende Problem voll und ganz verstanden haben. Recherchieren Sie und lernen Sie so viel wie möglich über die Krankheit und die Anatomie des verletzten Bereiches. Da das Denken mit dem Immunsystem von Natur aus verbunden ist, wird das Immunsystem genauer auf das entsprechende Problem gelenkt, wenn die Visualisierungen anatomisch so korrekt sind wie möglich. Sie sollten wissen, wie weiße Blutkörperchen aussehen, um ein korrektes visuelles Bild zu haben, wenn Sie visualisieren, wie sie mit dem Ziel der Heilung das Problem attackieren. Das wird Ihnen helfen, Ihre heilenden Absichten präziser auf die Wurzel des Problems zu lenken.

Erforschen Sie auch die mentalen und emotionalen Aspekte des Themas. Es ist wichtig, dass Sie auf Ihrem Weg der Heilung jedes verfügbare Mittel nutzen.

Je besser Ihnen das Visualisieren gelingt, desto leichter wird es für Sie sein, sich und andere zu heilen. Wenn Sie visualisieren, ist es wichtig zu wissen, dass es funktionieren wird. Mit anderen Worten: Wenn Sie sich überzeugen, dass Ihr Körper geheilt wird, werden Sie diesen Glauben dadurch wahr machen, dass Sie sich selbst heilen.

Erzeugen Sie eine Visualisierung. Üben Sie diese Visualisierung immer wieder, bis Sie davon träumen. Ihr Körper heilt am besten, wenn Sie schlafen oder in einem unbewussten Zustand sind. Wenn Sie Ihre Visualisierungen träumen, wird Ihr Körper sich auf natürliche Weise selbst heilen. Im Traumzustand können Sie zwischen Visualisierung und Realität nicht unterscheiden; deshalb kann Ihre Visualisierung zu Ihrer Realität werden.

Atmen Sie Energie in jede Zelle. Jede Zelle hat einen Überlebenstrieb; zu diesem Zweck kommunizieren Zellen mit anderen Zellen und geben Information über die Veränderungen in ihrer Umwelt weiter. Die Seele oder der vollständige Energiekörper verbindet alle Zellen zu einem einzigen, harmonisch funktionierenden Energiemuster.

Wenn Sie eine Visualisierung anwenden, denken Sie daran, sich Ihren gesunden Körper vorzustellen. Ihr harmonisches Immunsystem ist ausgeglichen und stark, und Sie stehen positiv und voller Selbstvertrauen mit ihm im Einklang. Denken Sie daran, dass Ihre Visualisierungen nicht durch die Grenzen Ihrer fünf Sinne eingeschränkt werden, sondern nur durch Ihre Vorstellungskraft – und die ist grenzenlos.

Wie man ein Hologramm projiziert

Eine wichtige Technik für die Heilung von anderen, aber auch für die Erhaltung der eigenen Gesundheit, ist die Fähigkeit, ein mentales Bild oder Hologramm vor sich in den Raum zu projizieren. Wenn Sie Energie nutzen, um jemanden zu heilen, müssen Sie diesen Menschen im Geiste visualisieren können. Wenn Sie vorhaben, sich selbst zu heilen, können Sie sich mehr auf Ihr Gefühl verlassen, da Sie die Visualisierungen direkt am Körper machen können. Sie können auch Ihr eigenes Bild vor sich projizieren oder beides zugleich machen, wenn Sie mit diesem Konzept vertraut sind. Mit zunehmender Übung wird das immer natürlicher. Wenn Sie diese Projektion Ihrer selbst noch nicht klar sehen können, entspannen Sie sich. Wenn Ihre Absicht, diese Visualisierung zu sehen, hartnäckig bleibt, wird es auch passieren.

Ein Hologramm ist eine dreidimensionale Projektion, die alle Informationen – Vergangenheit, Gegenwart und Zukunft – über die jeweilige zugehörige Person, Sache oder Örtlichkeit enthält. In diesem Hologramm steckt auch der optimale Gesundheitszustand eines Menschen. Genau in dieser spezifischen Information liegt der Unterschied zwischen einem Hologramm und einem einfachen Bild. (Diese beiden Dinge sind nicht dasselbe, obwohl ich manchmal aus didaktischen Gründen das Wort „Bild" benutze, wenn es im Kontext am besten verstanden wird.) Natürlich ist es wichtig, diesen Unterschied zu verstehen, wenn man für einen anderen Menschen eine Heilbehandlung macht.

Wenn man für andere Menschen eine Fernheilung macht, ist es notwendig, ein Bild vor sich in den Raum zu projizieren. Gehen Sie so vor, dass Sie die vollständige körperliche Gestalt dieses Menschen in ein rund 70 Zentimeter hohes Hologramm projizieren. Die Größe des Hologramms ist nicht entscheidend, so lange Sie vor Ihrem geistigen Auge den Körper vollständig sehen. (Ich sehe ein Hologramm als tatsächliches dreidimensionales Objekt, aber für viele, die gerade anfangen zu lernen, wie man heilt, ist es vielleicht einfacher, sich das Ganze als eine Visualisierung vorzustellen.) Sie werden dann die Änderungen sehen, die an diesem Bild gemacht werden müssen.

Vielen hilft es, wenn sie ein Foto des betreffenden Menschen haben, sogar wenn es jemand ist, den sie gut kennen. Fangen Sie mit diesem schlichten zweidimensionalen Bild als Grundlage Ihrer Visualisierungen an. Mit etwas Übung und Intuition wird diese Datengrundlage sich mit intelligenter Information anreichern. Irgendwann geht es wie von selbst, und eine Verbindung zur Quanteninformation des Betreffenden, ein Quantenhologramm, taucht auf.

Vertrauen Sie sich selbst und Ihren positiven Absichten. Absichten und Gedanken sind natürliche Kräfte der Natur, so wie die Schwerkraft. Sobald Sie es geschafft haben, das holografische Bild eines Menschen vor sich zu projizieren, können Sie im nächsten Schritt Ihre Intention einsetzen (zusammen mit der kooperierenden Intention des Betreffenden), um ihn oder sie bei der Heilung zu unterstützen.

Konzentrieren Sie sich auf den verletzten Bereich. Visualisieren Sie, wie das Problem im Hologramm gelöst wird. In diesem Moment wird es ganz konkret im physischen Körper des Betreffenden in Ordnung gebracht. Seien Sie gewiss, dass das geschieht.

Benützen Sie Hände und Arme so, wie es für Sie passt, um die Gedanken und Energien zu manipulieren. Vergessen Sie nicht, nachdem Sie Energieblockaden oder ungesunde Zellen entfernt haben, sie im weiten Raum verschwinden zu lassen. Denken Sie daran, dass die Energie sich gemäß Ihren Absichten verteilt. Finden Sie ein eigenes Bild, wie Sie unerwünschtes Material in ein Vakuum, ein Schwarzes Loch oder auf den Müll werfen. Ohne einen Wirtsorganismus verschwindet es sofort.

Details bewusst machen

Haben Sie schon einmal darüber nachgedacht, wie Sie denken? Denken Sie mal darüber nach: Wie denken Sie? Denken Sie in Bildern? Denken Sie in Form Ihrer Stimme, die Ihnen den ganzen Tag lang Ereignisse und Gedanken erzählt? Wäre der Übergang von einem Gedanken zum anderen auch für jemand anderen als Sie selbst einleuchtend? Wie würde jemand den roten Faden in Ihren Gedanken finden? Lassen Sie sich das einmal kurz durch den Kopf gehen. Es ist wichtig, sich im Klaren darüber zu sein, wie man Gedanken verarbeitet, damit man sie notfalls verändern kann.

Telepathie heißt, über Bilder zu kommunizieren, die ja reichhaltigere und detailliertere Informationen enthalten als jedes Wort, das den entsprechenden Gedanken ausdrücken soll. Ein Bild sagt mehr als tausend Worte, heißt es. Ich bezeichne Sprache gern als „grobe akustische Kommunikation", weil sie Missverständnissen so viel Raum gibt. Wir alle haben solche Missverständnisse schon erlebt.

Telepathie funktioniert mit Tieren besser als mit Menschen, weil der Übergang von einem Bild zum nächsten einfacher ist. Meine Katze z.b. scheint nur etwa drei Bilder zu haben: Fressen, Schlafen, Katzenklo. Einfacher geht es kaum.

Wie anschaulich sind die Bilder in Ihrem Kopf? Um effektiver visualisieren zu können, üben Sie, in detaillierten Bildern zu denken. Versuchen Sie es einmal und starren dreißig Sekunden lang ein Bild an, brennen es sich förmlich in Ihr geistiges Auge ein. Würde jemand, der Ihr geistiges Bild jetzt betrachtet, es wohl erraten? Den meisten Menschen fällt es schwer, in ihrem Geist anschauliche Bilder zu erzeugen.

Um Ihre Visualisierungsfähigkeiten zu steigern, müssen Sie lernen, in deutlichen Bildern statt in Worten zu denken. Es braucht Übung, sich von der Gewohnheit, in Worten zu denken, auf das Denken in Bildern umzustellen. Es ist wie mit jedem anderen körperlichen Training: Übung macht den Meister.

Sie werden bei Ihrem mentalen Training Disziplin brauchen. Menschen mit einem fotografischen Gedächtnis haben es wahrscheinlich leichter, aber jeder kann üben, sich an mehr visuelle Details zu erinnern. Konzentrieren Sie sich auf jedes kleine Detail an einem Menschen. Erinnern Sie sich an seine Augenfarbe, Falten, Narben, Form der Nase, Frisur, Größe, Gewicht, Körperbau usw. Je mehr Sie das üben, desto natürlicher und selbstverständlicher wird es für Sie sein.

Üben Sie, um Ihr visuelles Gedächtnistraining zu unterstützen, Bilder von Leuten anzuschauen und dann das Bild ihres Gesichts in Ihrem Geist zu fixieren. Um ein Bild von sich selbst in Ihrem Geist zu formen, stellen Sie sich vor einen Spiegel, schließen dann die Augen und erinnern sich, wie Sie aussehen.

Eine leichte Übung für den Anfang ist, Leute, die Sie kennen, zu visualisieren, wenn Sie mit ihnen telefonieren. Jedes Mal, wenn Sie etwas zu Ihnen sagen, entwerfen Sie ein noch detaillierteres Bild. Bauen Sie ihr Bild vor Ihrem geistigen Auge auf. Machen Sie sich das zur Gewohnheit. Sie werden merken, dass es durch Übung einfacher wird. Das wird Ihnen beweisen, dass Sie Ihre Fähigkeit steigern können, sich an Details zu erinnern und zu visualisieren.

Nach einem Workshop sprach mich einmal eine Frau an und sagte, sie könne nicht visualisieren. Ich fragte sie, ob sie am nächsten Tag wieder in meinen Workshop kommen wollte, und sie sagte ja.

„Wissen Sie, wo es stattfindet?", fragte ich sie. „Hier, im selben Raum, oder?", antwortete sie. „Ja", sagte ich. „Und wie werden Sie ihn finden? Werden Sie irgendjemanden fragen müssen, oder werden Sie sich auf die in Ihrem Gedächtnis gespeicherten Bilder verlassen, wo Sie heute waren, um diesen Raum morgen wieder zu finden?"

In dem Moment erkannte sie, dass sie tatsächlich gewohnt war zu visualisieren. Visuelle Information wird nur in nonverbalen Bildern gespeichert – man erinnert sich nicht an ein besonderes Etikett oder an eine Zimmernummer. Diese Frau wird wissen, dass es zu dem Raum durch die Eingangshalle und dann rechts geht. Sie wird von der ungefähren Größe und Form des Raumes ein Bild in ihrem Geist haben, und deshalb wird er ihr beim nächsten Mal, wo sie ihn sieht, bekannt vorkommen. Indem sie sich ihrer natürlichen Visualisierungsfähigkeit bewusst wurde, und mit ein wenig Übung kann sie etwas, was sie sowieso andauernd tut, ausbauen.

Man würde uns für behindert halten, wenn wir unfähig wären, uns ohne allzu große Probleme simple Bilder ins Gedächtnis zu rufen. Jeder visualisiert andauernd; wir erkennen diesen Prozess nur nicht als das, was er im Grunde ist. Üben Sie, mit Ihrem geistigen Auge Menschen, Orte und Ereignisse zu fotografieren. Stellen Sie sich vor, Sie würden jemandem mit Hilfe der Bilder, die Sie „fotografiert" haben, eine Geschichte erzählen. Jedes Mal, wenn Sie das üben, wird die Geschichte für einen äußeren Beobachter klarer. Was noch wichtiger ist: Sie wird auch für Sie selbst klarer. Stellen Sie sich vor, wie jemand mit den Fingernägeln über eine Wandtafel kratzt. Ich wette, es läuft Ihnen eiskalt den Rücken herunter, wenn Sie nur daran denken.

Versetzen Sie sich mitten in Ihr ganz persönliches Horror-Erlebnis, beispielsweise einen Fallschirmsprung, wenn Sie Höhenangst haben. Spüren Sie die Angst.

Stellen Sie sich vor, Sie sind in einem Tropenparadies. Die Sonne schimmert am Horizont; die Brandung rauscht; Sie spüren den weichen Sand an den bloßen Füßen; riechen die salzige Luft in der Brise; schmecken die kühle Kokosmilch auf den Lippen. Wenn Sie das richtig gut beherrschen, weiß Ihr Körper nicht, ob es tatsächlich in der physischen Realität passiert oder nur in der Vorstellung. Mit anderen Worten, irgendwann reagiert der Körper auf Ihre mentalen Bilder, als ob sie physisch real wären. Das ist die eigentliche Kraft der Visualisierung.

Vier Strategien zur Steigerung Ihrer Visualisierungsfähigkeiten

Die folgenden vier Strategien zur Steigerung Ihrer Visualisierungsfähigkeiten sollen Sie an wichtige Themen erinnern, die ich bei den Veränderungen im Lebensstil bereits angesprochen habe. Die Umsetzung dieser Vorschläge wird nicht nur Ihre Visualisierungsfähigkeiten steigern, sondern auch ein Fundament für Ihre Selbstkompetenz bilden. Denken Sie daran, dass Visualisieren und Fähigkeiten der Selbstkompetenz über die visuelle Verbindung hinausgehen. Wir müssen spüren, dass wir uns selbst ganz intim vertraut sind und eins mit unserem Ziel, gesund zu sein.

I. Sich selbst erkennen

Indem Sie Ihre Emotionen und Ihre Intuition und Erinnerungen an Ereignisse (Vergangenheit, Gegenwart und Zukunft) steuern, stimmen Sie Ihr Immunsystem ganz genau ab, so dass es Ihren Körper heilen kann. Ihr Geist hat die Kontrolle über jede Körperfunktion, nutzen Sie also jedes Mittel, das Sie haben, um alle Organsysteme zum bestmöglichen Funktionieren zu bringen.

Statt auf emotionale Auslöser gewohnheitsmäßig zu reagieren, werden Sie vorbeugend tätig, indem Sie neue, gesündere Gedanken und Reaktionen finden. Sie werden entscheiden, nur die Informationen aufzunehmen, die Ihnen bei der Steigerung Ihres Wohlbefindens helfen.

Haben Sie Vertrauen, dass Sie jede Grenze überwinden können, die Sie bisher aufgrund der Ansichten von anderen gespürt haben. Gehen Sie mutig in Richtung neuer Einstellungen, die Selbstkompetenz beinhalten. Seien Sie sich im Klaren darüber, dass Sie für sich selbst verantwortlich sind.

Um sich besser zu verstehen, registrieren Sie, was bei Ihnen „die Knöpfe drückt". Wo liegen die emotionalen Auslöser? Wenn Sie das begreifen, können Sie sich kontrollieren und dann neu erfinden. Wenn wir über unser bewusstes und unbewusstes Ich die Kontrolle haben, kontrollieren wir auch unser Immunsystem und unsere Gesundheit.

Synchronisieren Sie im Traumzustand (bei der Meditation oder wenn Sie am Einschlafen sind) Bewusstsein und Unterbewusstsein durch Visualisierung. Lassen Sie sich von Ihren Intentionen und Intuitionen leiten. Vertrauen Sie sich.

2. Korrigieren Sie Ihren Lebensstil

Werfen Sie die ganz offensichtlich schlechten Angewohnheiten über Bord, unter anderem solche, die Stress verursachen und Negativität in Ihr Leben tragen. Die Ebene rein physischer Aktivität ist vielleicht am leichtesten: Arbeiten Sie weniger, spielen Sie mehr. Verbringen Sie Zeit mit Familie und Freunden. Obwohl die Arbeit natürlich immer noch wichtig ist, braucht doch jeder Spaß und Entspannung. Jeder braucht menschliche Geborgenheit.

3. Bringen Sie Ihr Leben ins Gleichgewicht

Ein Grundprinzip der Gesundheit ist, in allen Bereichen des Lebens Ausgewogenheit zu schaffen: physisch, emotional und spirituell. Das ist besonders wichtig für Menschen, die ihre primäre Rolle im Leben darin sehen, anderen zu helfen. Denn anderen zu helfen und „alles zu geben", kann hochgradig belastend werden, wenn man dabei vergisst, auch für sich selbst zu sorgen. Das kann für einen Heiler oder Helfer zum Stolperstein werden, wie ja auch die Anekdote von dem zum Heiler gewordenen Alkoholiker beweist, die ich erzählt habe. Ins Gleichgewicht zu kommen ist eine ständige Aufgabe für jeden, nicht nur für einen Heiler. Wenn in irgendeinem Bereich unseres Lebens ein Ungleichgewicht herrscht, steckt darin immer eine Lehre für uns.

Gleichgewicht und Ungleichgewicht sind der unaufhörliche Tanz des Lebens. Dafür gibt es keine spezifischen Richtlinien, da jeder Einzelne eine andere Aufgabe hat. In der Tanzstunde lernen Sie die Grundschritte, aber wirklich zu tanzen lernt man letztendlich, indem man die Musik genießt, Mut fasst und Hemmungen sausen lässt.

4. Denken Sie positiv

Umgeben Sie sich mit positiv eingestellten, gleichgesinnten Menschen. Konzentrieren Sie sich auf das, was Ihnen Freude macht. In Situationen, die Sie nicht ändern können, lernen Sie, Ihre Einstellung zu ändern. Suchen Sie einen Aspekt der Situation, für den Sie dankbar sein können, und halten Sie den fest.

Überwachen Sie Ihre Selbstgespräche, um sicherzugehen, dass Sie sich Positives sagen und sich darin Ihr Ziel spiegelt, gesund zu sein. Der erhoffte Erfolg muss im Einklang sein mit Ihrem Ziel: Sorgen Sie dafür, dass Sie wirklich erwarten, dass Ihr Ziel Wirklichkeit wird.

Die folgenden fünf Schritte werden Ihnen helfen, positiver zu denken.

Schritt 1: Beseitigen Sie negatives Feedback

Säubern Sie Ihre Selbstgespräche und die Gespräche Ihrer Mitmenschen von allen negativen Aussagen und ersetzen Sie sie durch solche, die Ihnen helfen, Ihre neue, positive Realität zu schaffen. Vergessen Sie nicht: Selbstgespräche laufen rund um die Uhr. Das heißt, Sie sind die einflussreichste Person in Ihrem Leben! Überwachen Sie, was Sie zu sich über sich selbst sagen. Wenn Sie sich dessen erst einmal bewusst geworden sind und sehen, wie groß dieser Einfluss ist, werden Sie überrascht sein, wie einfach es ist, ganz gezielt die eigenen unbewussten Ansichten und Einstellungen zu verwerfen. Verwandeln Sie jedes Selbstgespräch in positive Ermutigung. Seien Sie stolz auf die Veränderungen, die Sie erreicht haben.

Schritt 2: Hören Sie auf, sich selbst zu verurteilen

Tag und Nacht hören wir unseren kritischen Urteilen über uns selbst zu. Legen Sie das ermüdende Amt nieder, Ihr eigener Richter sein zu müssen. Entspannen Sie sich und treten Sie einen Schritt zurück, als wären Sie ein unbeteiligter Beobachter. Wir neigen dazu, allzu streng mit uns umzuspringen, also lernen Sie, sich anzunehmen. Lassen Sie sich von Ihren guten Absichten leiten. Sehen Sie sich selbst mit neuen, wohlwollenden Augen.

Schritt 3: Hören Sie auf, andere zu verurteilen
Lassen Sie gegenüber anderen – und letztendlich sich selbst – Gnade vor Recht ergehen und schauen Sie nach vorn. Wie können wir nur meinen, die Gedanken, Worte und Handlungen eines anderen beurteilen zu können, wo wir doch oft nicht einmal unsere eigenen einschätzen können? Es ist nicht einfach, zu vergeben und zu vergessen, aber wer an seinem Groll festhält, tut sich selbst weh. Wenn Sie das tun, lassen Sie ein Problem aus der Vergangenheit ständig weiter an sich nagen. Vergeben Sie Ihren Mitmenschen, und dadurch werden Sie sich selbst vergeben und wachsen können. Vergeben Sie, und dann vergessen Sie. Entspannen Sie sich und schwimmen Sie mit. Schlussendlich werden Sie erreichen, was Sie sich ersehnen.

Schritt 4: Lassen Sie Vergangenes auf sich beruhen
Werfen Sie Ihre persönliche Bürde aus Aggression und Angst ab und schauen Sie nach vorne. Was auch immer in der Vergangenheit geschehen ist, es ist vorbei. Es lässt sich nicht ändern. Akzeptieren Sie es, lassen Sie es hinter sich. Sie können das Ereignis nicht ungeschehen machen, aber Sie können Ihre Einstellung dazu verändern.

Schritt 5: Nicht komplizierter machen, als es ist
In unserer Gesellschaft wird es für notwendig gehalten, praktisch zu jedem Bereich des Lebens einen Experten zu konsultieren. Wenn wir vor einer undurchschaubaren Kalkulation stehen, müssen wir einen Buchhalter holen. Wir bitten einen Rechtsanwalt, uns den Sinn einer Reihe unverständlicher

Worte zu erläutern. Wenn unser Körper an uns persönlich SOS funkt, konsultieren wir einen Arzt. Wir denken oft, jede Situation müsse irgendwie kompliziert sein. Das Heilen mit Hilfe der eigenen Intention mit dem Ziel, wieder gesund zu werden, ist einfach.

Ständig fließt in jedem Einzelnen von uns Energie. Wir müssen ihr nur eine Richtung geben. Beim Visualisieren gibt es kein Richtig oder Falsch. Meine Vorschläge sollen Ihnen einfach helfen, sich wirkungsvoller zu konzentrieren. Was immer bei Ihnen funktioniert, ist das Richtige. Es ist eine individuelle Entscheidung. Aufgrund Ihrer Intention ist Ihr Wunsch Befehl. Das wird zu Ihrer Realität. Ihre Intentionen oder Gedanken schaffen Ihre Realität. Es klingt zu schön, um wahr zu sein, aber es ist so.

Im nächsten Kapitel erläutere ich ein paar grundlegende Visualisierungen, die Sie anwenden können, bis Ihre eigene Kreativität auf Touren kommt. Dann werden Sie einen gefühlsmäßigen Eindruck davon haben und sich trauen, Ihre Visualisierungen auf Ihre Bedürfnisse zuzuschneiden. Am wichtigsten ist Ihre Absicht, wieder gesund zu werden, und die Gewissheit, dass das möglich ist.

Der grundlegende Fahrplan Richtung Gesundheit besteht aus einem gesunden Lebensstil, der durch positive Einstellungen und spezielle Visualisierungstechniken verstärkt wird. Erinnern Sie sich an die Abfolge der folgenden Aussagen hinsichtlich Ihrer Gesundheit. Diese dreifache Überzeugung sollte Ihnen helfen, Sie in Ihrem primären Ziel zu bestärken:

1. Sie denken, dass Sie wieder gesund sein können
2. Sie wissen, dass Sie zu einem gesunden Zustand zurückkehren können
3. Sie sind wieder gesund.

Visualisieren Sie sich selbst im Zustand optimaler Gesundheit. Wie fühlen Sie sich? Was tun, denken und sagen Sie? Stellen Sie sich vor, Sie sind gesund und genießen es.

Ich habe Probleme mit dem Visualisieren. Was empfehlen Sie?
Visualisieren ist etwas, was wir alle von Natur aus tun, meistens sind wir uns dessen aber nicht bewusst. Der erste Schritt ist also, sich der eigenen Fähigkeit dazu bewusst zu werden. Machen Sie ein mentales Foto vom Titel dieses Buches, wie Sie es in der Hand halten. Schließen Sie die Augen und visualisieren Sie es vor dem geistigen Auge, wobei Sie sich an das Bild erinnern, die Farben und andere Details. Wiederholen Sie den Vorgang und steigern Sie die Zahl der Details, die Sie fixieren. Mit diesem Ziel im Hinterkopf wird sich Ihre Fähigkeit erweitern, gezielt zu visualisieren. Verändern Sie die Farben, während Sie den Blick fixiert lassen. Fordern Sie sich immer wieder zu dieser Übung heraus, bis Sie Ihnen zur zweiten Natur wird.

Wie lange sollte ich visualisieren?
Dafür gibt es keine feste Zeit, das kommt auf die Person an. Manche Leute können stundenlang visualisieren, während andere es nur ein paar Minuten schaffen. Wenn Sie den Faden verlieren und weiter visualisieren möchten, entspannen Sie sich einfach, fokussieren Sie neu und fangen wieder an. Drängen Sie sich nicht. Es geht nicht darum, viel Zeit zu verbuchen, sondern die Visualisierungen so lebensecht wie möglich zu machen.

KAPITEL 8

Grundlegende Visualisierungen:

Gesundheit wiederherstellen

Visualisierungen sind Bausteine zu Ihrer Selbstverantwortung.

ADAM

Visualisierungen sind mehr als bloßes Sehen. Wir sollten ein realistisches Gefühl erzeugen, dass wir das Geschehen tatsächlich erleben. Dann merken wir, dass wir es richtig machen. Wenn Sie das Visualisieren meistern, bekommen Sie das Selbstvertrauen, das Sie für Ihre Selbstverantwortung brauchen. Uns allen stehen diese Reserven zur Verfügung; wir müssen sie nur anzapfen.

Setzen Sie sich Ihr neues, ideales Selbst als Ziel. Lernen Sie dann, dass Sie dieses Ziel erreichen können und werden. Ihr Körper hat alles, was er braucht, um sich zu heilen. Denken Sie an all Ihre Gründe, gesund zu bleiben, und visualisieren Sie, wie sie für Sie real werden. Sich dieses Ziel zu stecken und es zu visualisieren, wird Ihnen Erfolg bringen.

Zwischen Ihrem Quanten-Hologramm und Ihrem Körper findet ein ständiger Informationsaustausch statt. Visualisierungen sind Werkzeuge, die Sie in die Lage versetzen, diesen Informationsaustausch zu kontrollieren. Auf diese Weise können Sie Ihr Immunsystem an den gewünschten Ort lenken und dort maximalen gesundheitlichen Nutzen erzielen. Es ist ganz einfach.

Wenn Sie ein chronisches Problem haben, gewöhnt Ihr Körper sich so sehr daran, dass er irgendwo einen Ausgleich schafft. Anders gesagt: Der Körper übersieht und ignoriert das Problem; im Grunde kennt er das Problem nicht mehr. Und demzufolge tut Ihr Immunsystem nichts mehr dagegen.

Visualisierungen zeigen Ihrem Körper, dass ein Problem existiert. Indem Sie visualisieren, zeigen Sie sich, dass es Ihnen mit den Veränderungen ernst ist. Halten Sie ständig die Absicht aufrecht, die Visualisierungen zur Wirkung zu bringen.

Das Visualisieren muss auch Ihren Gedankenfluss einschließen. Es ist sehr wichtig, die bewussten und unbewussten Absichten zu synchronisieren, denn die Absichten werden umso wirkungsvoller, je mehr sie miteinander im Einklang sind. Das heißt, die Bewusstseinsebene, auf der Sie stehen, wenn Sie sagen: „Ich weiß, dass ich es schaffe", ist im Einklang mit der leisen unbewussten Stimme in Ihrem Innern. Auch das von Ihnen erwartete Ergebnis muss in harmonischer Übereinstimmung mit Ihrer Visualisierung und Intention stehen.

Die grundlegenden Visualisierungen sind dramatische Veranschaulichungen, wie wir unsere Gesundheit wiederherstellen können. Was ihnen an spezifischen Details fehlt, machen sie durch dramatische Bilder wett. Stecken Sie bei jeder Visualisierung so viel Realismus in Ihren Blick, Ihr Gehör und Ihr Gefühl, wie Sie nur können, und behalten Sie dabei Ihre positive Absicht und Ihr Endziel im Hinterkopf. Streben Sie ein realistisches Gefühl an, das Geschehen tatsächlich zu erleben. Wenn Sie dieses Gefühl tatsächlich haben, haben Sie die Technik gemeistert.

Die folgenden grundlegenden Visualisierungen werden Ihnen helfen, ganz gleich, welche Verletzung oder Krankheit Sie haben. Sie können diese Bilder direkt auf ihr physisches Ich visualisieren oder auf ein Hologramm vor Ihnen projizieren oder beides. Man kann sie auch mit einem Hologramm von jemand anderem machen, aber nicht, wenn man gleichzeitig an sich arbeitet, da die Energie sich sonst verzettelt und die Wirkung abnimmt. Man kann die Visualisierungen im Sitzen, Stehen oder Liegen machen; sorgen Sie nur dafür, dass die Position bequem ist.

Folgende Phasen gibt es bei der Selbstheilung durch Visualisieren:

1. Bauen Sie, wie in Kapitel 7 beschrieben, das Bild (irgendwann auch das Hologramm) von sich selbst oder dem Menschen auf, den Sie heilen wollen.
2. Peilen Sie Ihr Ziel an, indem Sie Visualisierungen einsetzen...
   a) ...um den Ausweg aus der momentanen Struktur Ihrer Verletzung oder Krankheit zu finden.
   b) ...um Ihr System[8] durch intensives Visualisieren neu zu starten (das passiert automatisch).
   c) ...um Ihr System auf den gewünschten Zustand zurückzusetzen.
   d) ...um die gesunde Struktur dauerhaft zu verankern.

Vielleicht hilft es Ihnen, sich die einzelnen Schritte dabei laut vorzusprechen. Schon die bloße Absicht löst die Visualisierung aus. Sagen Sie nicht, Sie versuchen es irgendwann: Tun Sie es.

Es gibt fünf universelle Visualisierungen, die ich empfehle: Die extremen Temperaturen von Feuer und Eis, Blitze, Schlaue Energiepakete, Explosion und Wasserfall. Die ersten vier können (einschließlich persönlicher Modifikationen) in jeder Reihenfolge gemacht werden. Probieren Sie alle aus und schauen Sie, welche für Sie am besten ist. Machen Sie alle zu verschiedenen Zeiten, dann entdecken Sie vielleicht, dass eine spezielle Reihenfolge gut funktioniert. Machen Sie in der Reihenfolge, die Sie wählen, die Wasserfall-Visualisierung als letzte. Diese Visualisierung beruhigt, entspannt und reinigt Ihren Organismus: Sie haben die Beseitigung Ihres Problems visualisiert; nun müssen Sie sich neu strukturieren oder programmieren.

Visualisierungen helfen auch, einen gesunden Zustand aufrechtzuerhalten. Ganz gleich, was das gesundheitliche Problem war, Sie sollten Ihre Visualisierungen routinemäßig weiter praktizieren. Sie werden dafür sorgen, dass Ihre Energie harmonisch ohne Blockaden fließt, auch wenn Ihre physischen Beschwerden schon lange behandelt sind.

Feuer und Eis

Die Extremtemperaturen intensiver Hitze und extremer Kälte sind sowohl in der Natur als auch in unseren Visualisierungen nützlich.

Feuer

Die Feuer-Visualisierung ist sehr kraftvoll und dient demselben Zweck wie in der Natur. Feuer hat erneuernde Kraft. Es zerstört das Alte und schafft Raum für neue Möglichkeiten, Sie in gesunder Frische wiederaufzuerstehen zu lassen.

Das Visualisieren von Hitze ist bei jedem Problem nützlich, weil die überschüssige Hitze weiße Blutkörperchen in den betreffenden Bereich zieht, die das Problem beseitigen. Es ist eine nützliche Visualisierung bei einem Tumor oder Krebs in einem oder mehreren Bereichen. Es ist vor allem wirkungsvoll, wenn es sich um ein systemisches Problem handelt – ein Lymphom (vergrößerter Lymphknoten), Leukämie oder eine Virusinfektion z.b. –, denn Sie können visualisieren, wie Sie Dampf durch Ihr gesamtes Zirkulationssystem pressen.

1. Stellen Sie sich vor, dass glühendheiße Flammen durch Ihren Körper lodern. Die Gewalt des Feuers reißt das Problem mit der Wurzel aus.
2. Richten Sie den Blick auf den Bereich, wo das Problem liegt. Manchen Leuten fällt es leichter, sich vorzustellen, dass sie völlig von Flammen umschlossen sind (siehe Abbildung 15).
3. Fühlen Sie die Hitze und sehen Sie, wie das Problem vor Ihren Augen zu einem Häufchen Asche wird.
4. Verbrennen Sie das Problem und sehen Sie zu, wie es zerfällt. Die Asche verweht mit dem Wind.

Sehen Sie die Flammen.
Fühlen Sie die Hitze.
Hören Sie das Knistern und Knacken.
Riechen und schmecken Sie den Rauch
in der Luft.
Lassen Sie es real werden.

Eine andere Visualisierung mit Hitze ist ein pfeifender Wasserkessel. Vielleicht hilft es, wenn beim ersten Versuch im Hintergrund tatsächlich ein Wasserkessel pfeift.

1. Stellen Sie sich da, wo Sie Heilung brauchen, einen pfeifenden Wasserkessel vor. Schrill und mit großem Druck pfeift der Dampf heraus.
2. Die Hitze des Dampfes wird zu einem gebündelten Hitzestrahl.

3. Lassen Sie seine Hitze um den ganzen Problembereich zirkulieren und schauen Sie zu, wie die Energieblockaden sich auflösen.

Sehen Sie den Dampf aufsteigen.
Fühlen Sie die Hitze.
Hören Sie das Pfeifen.
Riechen und schmecken Sie die Dämpfe.
Lassen Sie es real werden.

Eis

Genauso wie Feuer ist auch Eis eine mächtige Naturgewalt. Auch Eis zerstört das Alte und schafft in seinem Kielwasser Raum für neues Wachstumspotenzial. Mit der Eis-Visualisierung kann die Lebenskraft eines Problems eingefroren und dann zertrümmert werden, wodurch sie bei Problemen wie einem Tumor nützlich ist.

1. Stellen Sie sich vor, dass der Problembereich zufriert.
2. Sehen Sie zu, wie sich kaltes, blaues Eis bildet, als wenn flüssiger Stickstoff darüber fließen würde.
3. Visualisieren Sie, wie dieses eisige Bild das Problem zertrümmert oder wegschmilzt.

Sehen Sie das Problem gefrieren.
Fühlen Sie die beißende Kälte.
Hören Sie das Knistern des Eises.
Riechen und schmecken Sie die eisige,
   klare Luft.
Lassen Sie es real werden.

Blitze

Diese Visualisierung wirkt bei allen neurologischen Störungen, beispielsweise Multipler Sklerose, Erkrankungen des motorischen Nervensystems oder peripheren Neuropathien. Sie ist auch sehr nützlich gegen Schmerzen durch Verletzungen, Arthritis und Fibromyalgie, weil es so aussieht, als würde sie das Nervensystem überlasten und dadurch zum Neustart zwingen. Sie können sie auf jeden Bereich oder jedes Organ anwenden, das Stimulation benötigt. Der betreffende Körperteil muss sich dann völlig neu „hochfahren", weil er auf seinen gesunden Zustand zurückgesetzt wurde. Sie sind wie neugeboren.

In dieser Visualisierung schlägt der Blitz immer wieder an derselben Stelle ein.

1. Stellen Sie sich vor, ein Blitz schlägt in Ihren Kopf ein.
2. Er durchrast Ihren Körper, wobei er mit der Präzision eines Lasers Ihr gesamtes Nervensystem aufleuchten lässt (siehe Abbildung 16).
3. Alle Synapsen in Ihrem Gehirn feuern und schicken intensive Energie-Impulse Ihr Rückenmark hinunter, die sich verzweigen und bis in die kleinsten Nervenenden vordringen.

Sehen Sie das gleißende Licht des Blitzes.
Fühlen Sie, wie die Energie Sie durchrast.
Hören Sie ihr Donnern.
Riechen und schmecken Sie
*   die elektrische Ladung.*
Lassen Sie es real werden.

Schlaue Energiepakete (SEPs)

Schlaue Energiepakete oder SEPs sind nützlich, um spezifische und örtlich begrenzte Probleme zu beseitigen. Visualisieren Sie „Pacman"-artige Einheiten, die im gesamten Problembereich zirkulieren. Sie schwirren wie ein Bienenschwarm herum mit dem Auftrag, aufzuspüren und zu zerstören, hinterlassen aber heilende Energie.

SEPs umkreisen das Problem und beißen Stücke heraus, nehmen sie auf und entfernen sie aus Ihrem Organismus. Nützlich ist auch, sie sich wie Kletten vorzustellen: In dem Moment, wo sie mit dem Problem in Kontakt kommen, beißen sie sich daran fest. Die Beseitigung wird durch Ausatmen erreicht (falls es ein Lungenproblem ist) oder durch Körperausscheidungen bei anderen Problemen. Dieses „Festbeißen und weg damit" ist sehr leicht zu visualisieren.

SEPs können sich auch vermehren und miteinander verständigen. Diese Fähigkeit ist nützlich, denn sie können sich Signale senden, um im Organismus einen Schock oder einen Blitzstart auszulösen. Sie sind noch lange nach Ihrer Visualisierung aktiv.

Vielleicht wollen Sie diese Visualisierung auch noch realistischer machen, indem Sie die SEPs in weiße Blutkörperchen verwandeln. Sammeln Sie sie in dem Bereich, wo sie benötigt werden. Visualisieren Sie, wie alle Arterien und anderen Blutgefäße in Ihrem Körper für weiße Blutkörperchen durchlässiger werden. Das unterstützt sie dabei, das zu umschließen, was aus dem Körper entfernt werden muss.

1. Stellen Sie sich einen Schwarm SEPs vor, der im gesamten Bereich Ihrer blockierten Energie umherschwirrt (siehe Abbildung 17).
2. Sehen Sie, wie sie sich an der Energieblockade festbeißen, um sie aus Ihrem Körper zu entfernen.
3. Lassen Sie die SEPs mit dem Problem im Schlepp-

tau aus Ihrem Körper entweichen und neue SEPs in Ihren Körper hinein.

Sehen Sie, wie die SEPs umherschwirren.
Spüren Sie, wie sie sich an das Problem kleben.
Hören Sie sie summen, während sie ihre Arbeit machen.
Riechen und schmecken Sie die Energie, die sie erzeugen.
Lassen Sie es real werden.

Explosion

Eine sehr kraftvolle Visualisierung, um jedes Problem aus dem Organismus einfach herauszureißen. Vom Krebs bis zum Bauchweh lässt sie sich für alles nutzen. Für den größtmöglichen Erfolg müssen Sie Ihr Problem so genau wie möglich visualisieren. Seien Sie Ihr eigener Gesundheitsbeauftragter und stellen Sie die erforderlichen Recherchen an. Machen Sie sich damit vertraut, wie groß es ist, wie es aussieht und wo es sitzt. Je mehr Details Sie kennen, desto genauer werden Sie die effektivste Platzierung für den Sprengkörper finden. Für Leute, die gerne am Computer spielen, kann es auch sinnvoll sein, sich ein Spiel vorzustellen, in dem das gesundheitliche Problem das Zielobjekt ist.

1. Stellen Sie sich vor, Sie können Ihr Problem aus dem Körper sprengen.
2. Platzieren Sie den Sprengkörper an die zentrale Stelle des Problems.
3. Die Explosion sendet Druckwellen von Energie aus ihrem Epizentrum. Alle Bruchstücke des Problems verdampfen auf der Stelle (siehe Abbildung 18).

Sehen Sie die Explosion.
Spüren Sie die Erschütterung der Detonation.
Hören Sie den Knall.
Riechen und schmecken Sie
die brennenden Teile.
Lassen Sie es real werden.

Wasserfall

In dieser Visualisierung kühlt, erfrischt und reinigt eine bläulich-weiße, flüssige Lichtenergie Ihr gesamtes Wesen. Diese Visualisierung reinigt Sie, und ihre Intensität beseitigt Energieblockaden, indem sie sie überlastet, was es Ihnen ermöglicht, aus der Struktur der Krankheit oder Verletzung herauszutreten. Sie machen automatisch einen Neustart; das ist notwendig, um Ihr System auf die erwünschte gesunde Struktur zurückzusetzen.

1. Entspannen Sie sich und stellen Sie sich vor, Sie stehen unter einem Wasserfall reiner blauer flüssiger Lichtenergie (siehe Abbildung 19).
2. Die Energie fließt nicht nur über Sie, sondern auch durch Sie hindurch und reinigt Sie dabei. Der gleichmäßige Rhythmus ist beruhigend und entspannend und bringt Sie in den Grundzustand zurück.
3. Lassen Sie die Energie alles wegnehmen, was entfernt werden muss, um Ihre Gesundheit wiederherzustellen.

Sehen Sie die bläulich-elektrische, flüssige
Lichtenergie.
Spüren Sie, wie sie durch Sie hindurchfließt.

Hören Sie die Kaskaden rauschen.
Riechen und schmecken Sie,
wie erfrischend sie ist.
Lassen Sie es real werden.

Den Zustand der Gesundheit aufrechterhalten: Das strukturierte Energie-Raster

Die Wasserfall-Visualisierung lässt Ihre Energie in Ihrem neu strukturierten Energieraster harmonisch fließen. Wenn Ihr Gesundheitszustand optimal ist, dann sollten Sie Ihr Energieraster nutzen, um ihn aufrechtzuerhalten. Diese Visualisierung können Sie jederzeit machen – ob Sie im Bus sitzen oder im Aufzug stehen. Ihr Geist kontrolliert Ihren Körper, und Sie kontrollieren Ihren Geist. Arbeiten Sie also daran, Ihren Geist-Körper gesund zu erhalten. Wir haben alle einen perfekten Bauplan für die ideale Gesundheit in uns. Greifen Sie auf ihn zu und halten Sie ihn fest.

1. Visualisieren Sie ein dreidimensionales Raster in Form Ihres Körpers. Die vertikalen und horizontalen Linien verlaufen in perfekten Abständen und sind gleich weit voneinander entfernt (siehe Abbildung 20).
2. Ihre gesamte Energie fließt rhythmisch, sanft und harmonisch an diesen Linien entlang.

Durch diese Visualisierung wird das Energieraster Ihren Gesundheitszustand aufrechterhalten.

Wann und wo man visualisiert

Die beste Zeit für diese Visualisierungen ist vor dem Schlafengehen; dann sind sie am effektivsten. Machen Sie sie so lange, bis Sie müde werden. Sie werden allmählich schläfrig und haben Ihre Ziele im Blick. Im Traum sind Sie dann dem Bewusstseinszustand ganz nah, der für die Heilung am effektivsten ist. Sie werden mit phänomenaler Geschwindigkeit im Schlaf gesund werden.

Sie können die Visualisierungen auch tagsüber praktizieren und versuchen, sie in Ihre täglichen Abläufe einzubauen. Wie lange die Visualisierungen dauern sollten, ist für jeden unterschiedlich. Machen Sie sie so lange, wie Sie sich konzentrieren können. Auch das ist bei jedem unterschiedlich. Die meisten sind in der Lage, sich eine halbe Stunde lang bequem darauf zu konzentrieren. Suchen Sie sich einen ruhigen Platz, wo Sie sich ungestört entspannen und konzentrieren können.

Wenn Sie feststellen, dass Ihnen negative Gedanken in den Sinn kommen, beenden Sie, was Sie gerade tun, sammeln sich und beginnen die Visualisierung neu. Durch diese Wiederholung trainieren Sie Ihr Unbewusstes, sich mehr nach Ihren bewussten Gedanken zu richten. Mit der Zeit werden Sie entdecken, dass das ein natürlicher Vorgang wird und Ihre positiven Gedanken mehr in den Vordergrund rücken.

Es ist Ihr Ziel, diese Visualisierungen so lange zu machen, bis Sie von ihnen träumen. Das ist unglaublich effektiv. Seien Sie ein „Dreamhealer".

Grundlegende Visualisierungen auf eigene Bedürfnisse zuschneiden

Die grundlegenden Visualisierungen, die ich soeben skizziert habe, sollen nur als Anhaltspunkt dienen. Sie sollten damit experimentieren, um herauszufinden, was bei Ihnen am besten funktioniert. Wenn Sie z.b. merken, dass die Blitz-Visualisierung zu intensiv ist, verändern Sie die Farbe des Lichts. Weißes Licht ist am intensivsten, also nehmen Sie blaues oder rotes und spüren Sie den Unterschied. Drehen Sie die Stromstärke herunter. Verändern Sie die Farbe der Wolke, aus welcher der Blitz schlägt. Wichtig ist, dass Sie mit Ihren Visualisierungen kreativ umgehen und bewusst spüren, wie sie auf Sie wirken. Sie können sie modifizieren und Ihren persönlichen Bedürfnissen anpassen.

Sie haben gesagt, die beste Zeit zum Visualisieren sei vor dem Schlafengehen. Aber ich schlafe immer ein, bevor ich richtig dazu komme. Was soll ich machen?
Während Sie einnicken, haben Sie höchstwahrscheinlich dieses Buch in der Hand und unbewusst eine bestimmte Visualisierung im Sinn, weil Sie sie ausgesucht haben. Sie merken vielleicht nicht, welche Wirkung das hat. Ich würde Ihnen raten, sich nicht so anzustrengen, weil dieser Vorgang für Sie irgendwann ganz natürlich wird. Entspannen Sie sich und lassen Sie sich tragen. Behalten Sie Ihre Gewohnheit bei, und Sie werden die positiven Wirkungen spüren. Im Traumzustand verschmelzen unsere unbewussten instinktiven Gedanken mit dem bewussten, rationalen Teil unseres Denkens und erzeugen eine Art Realitätskino. Ihre Träume werden den Weg zur Gesundheit in die Realität umsetzen.

Ich habe ein Alkoholproblem. Könnten Sie eine Visualisierung empfehlen, die dagegen hilft?
Die Visualisierungen für Erschöpfung und emotionale Probleme haben sich auch bei problematischen Lebensgewohnheiten und Süchten als hilfreich erwiesen. Indem Sie viel Energie aufnehmen und sie neu verteilen, bauen Sie wieder einen harmonischen Fluss auf. Die erdende Baumwurzel-Visualisierung, die ich in Kapitel 5 beschrieben habe, ist für das Ausbalancieren der Energie ebenfalls sehr nützlich, und vielen Leuten hilft sie bei emotionalen Schwierigkeiten. Entwickeln Sie eine eigene, an Ihre spezifische Herausforderung angepasste Visualisierung. Sie haben bereits die Auslöser erforscht, die Sie zum Trinken bringen. Visualisieren Sie jetzt, was Sie brauchen, um aufzuhören. Was ist es, das Sie durch das Trinken gewinnen? Sie wissen, dass Sie allein die Kraft zum Aufhören haben.

Kapitel 9

Visualisierungen bei speziellen Krankheiten

*Nur unsere Vorstellungskraft steckt
der Visualisierung Grenzen.*

ADAM

Die speziellen Visualisierungen, die ich in diesem Kapitel skizziere, können jede Therapie ergänzen, die Sie vonseiten Ihres Arztes bekommen. Ich habe festgestellt, dass diese Visualisierungen bei verschiedenen Krankheiten wirken. Es gibt z.B. viele Krankheiten, welche die Atemwege oder das Herz beeinträchtigen, also muss man als Erstes den Arzt befragen, welche Krankheit vorliegt. Die Visualisierungsstrategien hier beinhalten sehr intensive und detaillierte Informationen. Obwohl diese Techniken allen zur Verfügung stehen, sollte es Sie nicht überraschen, wenn Sie sie erst nach sehr viel Übung meistern. Viele Menschen haben Schwierigkeiten beim Visualisieren, wenn Sie keine präzisen Instruktionen haben. Ich möchte betonen, dass man bei diesen Visualisierungen nichts falsch machen kann. Sie können alle hier aufgeführten Visualisierungen anwenden oder die, von denen Sie das Gefühl haben, sie funktionieren am besten, oder Sie können sogar eigene entwerfen. Sie können diese verschiedenen Vorgehensweisen ausprobieren und entscheiden, welche für Sie am effektivsten ist. Allerdings möchte ich Ihnen raten, bestimmte anatomische Gegebenheiten zu berücksichtigen, damit Ihr Immunsystem einen Anhaltspunkt hat. Beispielsweise wird die Visualisierung für Krebs dann, wenn Sie sich vorstellen, weiße Blutkörperchen im Bereich des Krebstumors zusammenzuziehen, effektiver werden, als wenn Sie tatsächliche anatomische Gegebenheiten nicht berücksichtigen.

Krebs

Krebs entsteht, wenn Zellen sich abnormal verhalten, sich ständig weiter teilen und scheinbar willkürlich und unkontrolliert neue Zellen bilden. Normalerweise teilen und vermehren sich Zellen nur, wenn der Körper das zum Gesundbleiben braucht. Wenn sich Zellen ständig weiter teilen, obwohl sie nicht gebraucht werden, bildet sich ein Gewebehaufen (Wucherung, Tumor).

Bösartige Tumoren sind kanzerös. Sie können in benachbartes Gewebe und in Organe eindringen und sie schädigen. Krebszellen können sich von einem bösartigen Tumor lösen und über den Blut- oder Lymphstrom in den Körper gelangen. Auf diese Weise kann sich der Krebs fortpflanzen und, ausgehend vom ursprünglichen Tumor, in anderen Körperteilen neue Tumoren bilden.

Krebs entwickelt sich meistens schrittweise und wird von den Lebensgewohnheiten sowie Umwelt- und Erbfaktoren beeinflusst. Man kann Risikofaktoren bewusst eindämmen, da viele Krebsarten mit dem Rauchen, der Ernährung und karzinogenen Umwelteinflüssen zusammenhängen. Die Anfälligkeit für diese Risikofaktoren ist unterschiedlich. Gegen Erbfaktoren lässt sich nichts tun. Man sollte sich über sie im Klaren sein, aber auch wissen, dass nicht jede erbliche Belastung tatsächlich zu Krebs führt; meist ist das Gegenteil der Fall.

Sie können Ihr Krebsrisiko verringern, indem Sie ein paar simple Ernährungsregeln beachten. Essen Sie eine ausgewogene Mischung aus Lebensmitteln, die viel Ballaststoffe, Vitamine und Mineralstoffe enthalten. Suchen Sie Ihre Lebensmittel gut aus. Essen Sie fünf Portionen Obst und Gemüse pro Tag und eine gesunde Menge Vollkornbrot und Müsli.

Ganz zu Anfang meiner Heilungsarbeit fielen mir an Zellen, auch Krebszellen, ein paar interessante Tatsachen auf. Ich bemerkte, dass alle Zellen miteinander kommunizieren. Mir fällt auf, energetisch gesehen, dass Krebs sich schnell fortpflanzen kann, weil er offensichtlich ein raffiniertes Kommunikationssystem besitzt. Wenn ich z.B. eine spezielle Visualisierung einsetze, die gegen einen bestimmten Tumor wirkt, dann reagiert ein benachbarter Tumor auf dieselbe Visualisierung nicht. Es sieht so aus, als hätte der erste Tumor die anderen vor der Visualisierung gewarnt. Aufgrund meiner Einfühlung und Intuition habe ich diesen Eindruck.

Derselbe Mechanismus, den Krebszellen zum Abschicken von Notsignalen an andere Tumoren nutzen, kann auch gegen die Krebszellen eines Tumors verwendet werden, um ihn zu zerstören. Bei meinen Visualisierungen zur Unterbrechung der Kommunikation innerhalb eines Tumors gaben die Krebszellen in einer Art Domino-Effekt die Nachricht an alle Tumorzellen weiter, was dazu beitrug, den geschlossenen Verbund der Tumorzellen aufzubrechen und durcheinander zu bringen. Ich stellte auch fest, dass dieses Aufbrechen des Zellverbundes schwieriger war, wenn ein multipler Tumor vorlag. Wenn ein Krebs zu sterben beginnt, stellte ich fest, dann wird die Kommunikation zwischen den Zellen langsamer und hört irgendwann auf.

Wenn man Visualisierungen gegen einen Tumor macht, muss das Ziel sein, ihn zu schwächen und das Immunsystem auf ihn zu lenken. Ihr Körper dürfte ja mehr als genug weiße Blutkörperchen haben, um jedes Problem anzugehen.

Die effektivste Methode, dem Krebs beizukommen, ist meiner Meinung nach ein Angriff von möglichst vielen Seiten. Recherchieren Sie Ihre persönliche Problemlage. Visualisierungstechniken können auf alle individuellen Probleme des Lebensstils wie Stress, Einstellungen, Emotionen, Ernährung, Bewegung und soziales Umfeld zugeschnitten werden. Wie bereits erwähnt, ist es sinnvoll, grundlegende anatomische Tatsachen in die Visualisierung einzubauen, um so dem Immunsystem Anhaltspunkte zu geben. Beispielsweise ist es bei Krebs sinnvoll, zu visualisieren, wie weiße Blutkörperchen sich im Bereich des Tumors sammeln. Hier ist die effektivste Methode dafür:

1. Stellen Sie sich vor, wie alle Blutgefäße in der Umgebung des Tumors für weiße Blutkörperchen durchlässiger werden. Lassen Sie die weißen Blutkörperchen durch die Gefäßwände treten und sich um den Tumor sammeln. Abbildung 21 stellt dar, wie Sie sich den Tumor vorstellen können und wie die weißen Blutkörperchen sich um ihn sammeln.
2. Visualisieren Sie, wie jedes weiße Blutkörperchen in Ihrem Körper von dem Tumor angezogen wird. Irgendwann sollten sich so viele weiße Blutkörperchen um ihn versammelt haben, dass sie eine regelrechte Kolonie bilden und ihn völlig einschließen.
3. Schauen Sie zu, wie die weißen Blutkörperchen, die den Tumor umgeben, an ihm knabbern. Die weißen Blutkörperchen tun nichts anderes, als sich die Krebszellen zu schnappen, sie sich einzuverleiben und dann den Krebs zu verdauen.
4. Visualisieren Sie, wie die weißen Blutkörperchen

Substanzen abgeben, die für den Krebs giftig sind. Schauen Sie zu, wie der Tumor aufgrund dieser Toxine und der knabbernden weißen Blutkörperchen schrumpft. (Sie sehen, wie detailliert und physiologisch präzise diese Visualisierungen sind.)

Abbildung 22 zeigt zuerst, wie die weißen Blutkörperchen den Tumor zerstören, und dann denselben Bereich ohne die Krebszellen.

Die Geschwindigkeit, mit der die weißen Blutkörperchen an dem Krebs knabbern, ist unterschiedlich. Ein Faktor ist dabei die Temperatur. In einer warmen Umgebung knabbern die weißen Blutkörperchen wesentlich schneller. Daher können Sie auch visualisieren, wie unterhalb des Tumors Flammen lodern und den Bereich anheizen. Hitze fördert auch die Blutzirkulation und damit den Heilungsprozess.

Ein Tumor braucht für sein Überleben auch Nährstoffe. Ohne ständigen Nachschub frischer Nährstoffe und eine Ausscheidungsmöglichkeit für Abfälle stirbt er. Hier ist eine wirksame Visualisierung dazu:

1. Visualisieren Sie, wie die Blutgefäße, die dem Tumor Nährstoffe liefern, sich so stark zusammenziehen, dass kein Nährstofftransport mehr stattfindet.
2. Visualisieren Sie, wie der Tumor in seinen eigenen Toxinen und Abfällen erstickt. Schauen Sie diesem Vorgang zu, bis die Krebszellen einfach sterben.
3. Visualisieren Sie, wie alles abgewürgt wird, was der Krebs braucht, und wie er gleichzeitig angegriffen und geschwächt wird.
4. Visualisieren Sie, wie die Kommunikationsverbindungen zwischen den Tumorzellen (oder den Tumoren) zerfallen, weil die Grundbedürfnisse des Krebses boykottiert werden.

5. Visualisieren Sie, wie der Krebs schrumpft, seine Lebenskraft verliert und inaktiv wird, wenn erst einmal die Kommunikationsverbindungen versagt haben.
6. Nun muss Ihr Körper dieses Gewebe physisch entfernen. Visualisieren Sie eine Müllabfuhr, die rund um die Uhr arbeitet, um dieses Material aus Ihrem Körper zu beseitigen.

Leukämie

Leukämie ist ein Krebs der weißen Blutkörperchen. Diese Krebszellen bilden sich im Knochenmark – wo alle Blutkörperchen produziert werden – und hemmen die Produktion normaler weißer und roter Blutkörperchen. Das Ziel jeder Visualisierung gegen Leukämie ist, das Knochenmark zur Produktion einer normalen Menge roter und weißer Blutkörperchen anzuregen. Visualisieren Sie, wie ein Blitz nach dem anderen durch das Knochenmark fährt, bis Sie sehen, wie sich eine gesunde Menge roter und weißer Blutkörperchen bildet. Machen Sie diese Visualisierung während der gesamten Sitzung immer wieder, bis Sie von dem Vorgang überzeugt sind.

Krankheiten des Nervensystems

Zu den Krankheiten, die neurologisch bedingt sind, gehören Multiple Sklerose, Fibromyalgie, Chronisches Erschöpfungssyndrom, Schädel- und Rückgratverletzungen, Infektionen und Tumoren des zentralen sowie Erkrankungen des peripheren Nervensystems.
Ich habe mit großem Erfolg bereits mehrere Workshops speziell zum Chronischen Erschöpfungssyndrom und zur Fibromyalgie abgehalten. Viele Teilnehmer haben mir berichtet, dass sie

diese Beschwerden nicht mehr haben, und viele andere haben signifikante Verbesserungen ihrer Lebensqualität festgestellt.

Das Nervensystem hat eine direkte Wirkung auf das Immunsystem; aus diesem Grund profitiert praktisch jedes gesundheitliche Problem von einer positiven Veränderung im Nervensystem. Ganz gleich, mit welcher gesundheitlichen Herausforderung Sie konfrontiert sind, eine Stimulation des Nervensystems wird Ihnen helfen, ob Sie nun ein emotionales oder psychologisches Problem haben oder ein physisches. Sie ist auch hilfreich, um physische Energie, Vitalität und Kraft zurückzugewinnen.

1. Visualisieren Sie Blitze, die durch Ihr gesamtes Nervensystem rasen (siehe Abbildung 23). Denken Sie daran, dass es das Ziel dieser Blitze ist, Ihr Nervensystem neu „hochzufahren".
2. Schauen Sie zu, wie diese Blitze Ihr gesamtes Nervensystem aufleuchten lassen, vom Kopf über das Rückgrat bis in jede Nervenfaser. Nachdem dieser „Sturm" vorüber ist, stellen Sie sich vor, wie von Ihrem gesamten Nervensystem ein beruhigendes Kräuseln ausgeht.

Krankheiten der Atemwege

Atemprobleme können viele Ursachen haben. Eine Problematik wie Asthma betrifft die Atemwege, wogegen andere, etwa Lungenkrebs, direkt die Funktion der Lungen beeinflussen. Als erstes müssen Sie durch den Arzt abklären lassen, welches Leiden Sie haben.

Asthma ist ein Leiden, durch welches das Atmen erschwert wird. Wenn Sie einatmen, passiert die Luft röhrenförmige Kanäle, die Bronchien genannt werden. Bei einem Asthma-Anfall verengen und entzünden sich die Wände dieser Röhren.

Auslösende Faktoren für Asthma sind Rauch, Staub, Pollen, Luftverschmutzung und Allergien. Stress kann Asthma verschlimmern. Für mich ist Asthma wie ein dicker, zäher Nebel in den gesamten Luftwegen. Lungenprobleme sprechen oft gut auf Visualisierungen an, weil im ganzen Respirationstrakt so viel Zirkulation herrscht. Bei diesem großen Ausmaß an Zirkulation in den Lungen kann das Problem schnell aus dem Körper gelangen. Die meisten Leute mit Lungenproblemen husten nach den Behandlungen eine Menge Schleim. Viele stellen fest, dass ihnen das Atmen leichter fällt. Diese Veränderungen zeigen sich oft sehr schnell.

Schlaue Energiepakete oder SEPs sind bei Atemwegsleiden sehr nützlich, weil sie direkt an den Problembereich eingeatmet werden können, wo sie an dem Problem kleben bleiben. Mit dem Ausatmen kann man sie dann beseitigen (siehe Abbildung 24). Um die Realitätsnähe der Visualisierungen zu erhöhen, spüren Sie, wie das Problem mit jedem Ausatmen Ihre Lungen verlässt.

1. Stellen Sie sich vor, wie bläuliche flüssige Energie Ihre Lungen füllt (siehe Abbildung 25). Wenn Sie Asthma haben, visualisieren Sie, wie Ihre Atemwege – ihre Luftröhren – sich ausdehnen, während sie diese flüssige Energie aufsaugen.
2. Stellen Sie sich vor, wie Ihre Atemwege sich ausdehnen wie ein Schwamm, wenn er Flüssigkeit aufsaugt. Die Flüssigkeit absorbiert das Problem und verflüchtigt sich dann zu leuchtender Energie.
3. Atmen Sie tief und nehmen Sie diese ganze Energie so tief wie möglich auf.
4. Visualisieren Sie ein loderndes Freudenfeuer, dessen Flammen unter Ihren Lungen brennen. Schauen Sie zu, wie das Problem durch die intensive Hitze zusammenschrumpft und verdampft (siehe Abbildung 26).

5. Wenn das Problem komplett verdampft ist, fangen Sie an, tief zu atmen. Stellen Sie sich vor, Sie atmen tief in Ihre Lungen energetisierte Luft ein. Diese Energie wird bis in die Zellebene absorbiert.
6. Schauen Sie zu, wie die kleinsten Kapillaren sich aufhellen und auf diesen energetischen Schub reagieren. Alle Atemwege sind klar und hell.
7. Schauen Sie zu, wie beim Ausatmen der Dampf immer mehr Ihre Lungen verlässt, bis sie sauber und von rosiger Farbe sind (siehe Abbildung 27).

Herzleiden

Es gibt viele Störungen, die das Herz in Mitleidenschaft ziehen können, also müssen Sie als Erstes durch den Arzt abklären lassen, woran Sie leiden. Die Visualisierungen in diesem Kapitel können ergänzend zu jeder Therapie gemacht werden, und Sie können Sie entsprechend Ihrem Herzproblem modifizieren. Erinnern Sie sich, dass man bei diesen Visualisierungen nichts falsch machen kann. Ich will nur sagen, dass Sie sie entsprechend Ihrer Diagnose modifizieren und deshalb herausfinden sollen, was bei Ihnen am besten funktioniert.

Allerdings schlägt sich jedes Herzproblem auch auf die Atmung nieder, und das muss man behandeln:

1. Stellen Sie sich vor, Sie atmen reine Luft so tief in Ihre Lungen ein, dass sie sogar die Funktionen der Zellen mit Energie auflädt.
2. Stellen Sie sich vor, wie dieser zelluläre Schub an purer Energie von jeder Faser Ihres Wesens absorbiert wird. Sehen Sie, wie alle Verbindungen energetisiert werden, während alle Zellen Ihres Körpers in dieser puren Energie baden.

Probleme mit zu hohem oder zu niedrigem Blutdruck

Ein Hauptfaktor bei zu hohem Blutdruck ist Stress. Es ist also entscheidend, dass Sie sich zum Visualisieren in einer bequemen Haltung entspannen. Halten Sie sich von Uhren fern, die Sie an das Vergehen der Zeit erinnern und dadurch unruhig machen könnten. Sie nehmen sich jetzt Zeit für sich. Nutzen Sie sie klug. Für Menschen mit niedrigem Blutdruck ist das Ziel dieser Visualisierung, die Pumpfähigkeit des Herzens zu regulieren, entspannen Sie sich also und nehmen Sie dieses Ziel in den Blick.

1. Visualisieren Sie, wie Ihr Herz sich mit einer beruhigenden, reinen, leuchtenden Energie füllt.
2. Wenn Ihr Herz voll ist, schauen Sie zu, wie die leuchtende Energie sich mit jedem Herzschlag immer gleichmäßiger in Ihrem Körper verteilt. Schauen Sie zu, wie die leuchtende Energie sich in jede Arterie und Vene hinein ausbreitet, bis Ihr gesamter Blutkreislauf mit dieser beruhigenden Energie gefüllt ist. Noch die winzigste Kapillare ist energetisiert.
3. Schauen Sie zu, wie Ihr Herz rhythmisch pumpt, bis Ihr Herzschlag ruhig, entspannt und regelmäßig ist. Stellen Sie sich beruhigende Wellen von Energie vor, die von Ihrem Herzen ausgehen (siehe Abbildung 29).
4. Atmen Sie tief und genießen Sie Ihr Wohlgefühl.

Seien Sie kreativ, wenn Sie Ihre Visualisierungen machen. Nur sollte beim letzten Schritt jeder Herz-Visualisierung Ihr Herz dann in einem entspannten, aber gleichmäßigen Rhythmus schlagen. Spüren Sie bei jedem Schlag die Kraft hinter jeder Kontraktion.

Infektionskrankheiten

Viele ansteckenden Krankheiten wie AIDS, HIV, Hepatitis, Erkältungen oder Grippe breiten sich im ganzen Körper aus. SEPs sind für diese Arten von Beschwerden ein nützliches Visualisierungswerkzeug (siehe Kapitel 8).

1. Visualisieren Sie SEPs oder weiße Blutkörperchen, die sich in Ihrem ganzen Körper verteilen und das Problem (Bakterien oder Viren) Zelle für Zelle umschließen (siehe Abbildung 30).
2. Visualisieren Sie weiße Blutkörperchen, die in großer Zahl die Wände der Blutgefäße durchdringen und einen örtlich begrenzten Problembereich völlig umschließen (siehe Abbildung 31).
3. Wenn ein Problem in einem speziellen Bereich lokalisiert ist, visualisieren Sie dort Explosionen. Stellen Sie sich Kometen oder Asteroiden vor, die am richtigen Ort einschlagen (siehe Abbildung 32).
4. Visualisieren Sie, wie Ihre Nieren alles aus dem verschmutzten Blut oder dem mit abgetöteten Bakterien oder Viren belasteten Blut herausfiltern (siehe Abbildung 33). Machen Sie mit der Visualisierung weiter, bis in die Nieren sauberes Blut hinein- und wieder herausfließt und die weißen Blutkörperchen nichts mehr zu „fressen" haben.

Magen-Darm-Probleme

Unter Stress und emotionaler Belastung verschlimmern sich Verdauungsbeschwerden oft. Nehmen Sie sich eine Auszeit fürs Entspannen und Visualisieren. Das können Sie z.B. so machen, dass Sie sich mit einer Tasse grünem oder teinfreiem

Tee hinsetzen. Nehmen Sie ein Schlückchen und lassen Sie Ihre Aufmerksamkeit mit der wohltuenden warmen Flüssigkeit mitgehen. Spüren Sie ihre beruhigende Wirkung.

1. Visualisieren Sie, wie Ihr gesamter Verdauungstrakt pure Lichtenergie absorbiert (siehe Abbildung 34).
2. Sehen Sie das reibungslose Fließen durch Ihren Körper, vom Mund über Speiseröhre, Magen, Dünndarm, Dickdarm und Enddarm, bis zur Ausscheidung des Abfalls.
3. Sehen Sie, wie Ihr gesamtes Verdauungssystem perfekt arbeitet. Beruhigende Wellen von Energie breiten sich darin aus und nähren auf ihrem Weg jede Zelle.

Schmerzen

Es scheint manchmal, als gäbe es so viele Ursachen für Schmerzen, wie es Menschen gibt, die damit leben. Die westliche Medizin behandelt Schmerzprobleme üblicherweise mit Medikamenten, statt zur Wurzel des Problems vorzudringen. Je nach Ursache der Schmerzen gibt es unterschiedliche Visualisierungen.

1. Stellen Sie sich vor, Sie atmen pure, warme Sonnenschein-Energie tief in Ihre Lungen und Ihren Herzbereich.
2. Formen Sie im schmerzenden Bereich einen Energieball.
3. Visualisieren Sie, wie dieser Ball stückweise, wie Fusseln, die Schmerzen anzieht und sie in Form von Sonnenlicht aus dem Körper strahlt. Die warmen Strahlen führen alles mit sich, was aus Ihrem Körper heraus muss. Nur ein helles Strahlen bleibt zurück. Gut, oder?

Gelenkprobleme, chronisch und akut

Diese Visualisierungen sind für alle Leiden im Zusammenhang mit Gelenk- oder Beweglichkeitsproblemen gedacht. Denken Sie daran, Sie haben es in der Hand, eigene Visualisierungen zu improvisieren.
Die grundlegende Visualisierung mit den Blitzen (siehe Kapitel 8) ist für viele hilfreich.

1. Visualisieren Sie Blitze, die mit Macht das Gelenk durchdringen, bis es geheilt ist (siehe Abbildung 35).
2. Stellen Sie sich vor, Sie injizieren eine weiße flüssige Energie in das Gelenk, die alle beweglichen Teile völlig umhüllt (siehe Abbildung 36). Diese weiße flüssige Energie dient als Schmiermittel.
3. Visualisieren Sie, wie Sie die Beweglichkeit des Gelenks sanft prüfen, indem Sie sich Drähte vorstellen, die das Gelenk nach allen Richtungen entlasten (siehe Abbildung 37). Jeder Draht entlastet einen gewissen Teil Ihres Gelenks und bewegt es und die betreffenden Gliedmaßen wie bei einer Marionette. Prüfen Sie Ihren Bewegungsspielraum, indem Sie vor Ihrem geistigen Auge eine Sportart treiben, die Ihnen früher gefallen hat. Erinnern Sie sich, wie wunderbar es ist, den Wind im Gesicht zu spüren, wenn man wandert, Rad fährt, Tennis spielt oder Golf. Während Sie die Beweglichkeit des Gelenks vor Ihrem geistigen Auge testen, haben Sie keinerlei Schmerzen. Nicht einmal der Gedanke an Schmerzen existiert. Erinnern Sie sich daran, wie sich das anfühlt, und rufen Sie es sich immer wieder ins Gedächtnis.

Rückenverletzungen

Rückenverletzungen sind weit verbreitet. Bei Gruppensitzungen wird dieser Bereich immer angesprochen, denn ich habe noch keine erlebt, wo das nicht für viele Teilnehmer ein Thema gewesen wäre. Je nach Art Ihrer Verletzung könnte es sogar schwierig sein, für nur eine Visualisierungs-Sitzung eine bequeme Stellung zu finden, aber tun Sie Ihr Möglichstes.

1. Visualisieren Sie eine leuchtend weiße, biegsame Stange, die mitten durch Ihre Wirbelsäule geht (siehe Abbildung 38). Diese Stange dient als Stütze.
2. Stellen Sie sich vor, Sie füllen bei jedem Einatmen Ihre Lungen mit purer Energie. Erzeugen Sie einen Energiefluss vom Scheitel Ihres Kopfes durch die Wirbelsäule bis zum Steißbein. Visualisieren Sie, wie dieser Kanal aufleuchtet wie eine Neonreklame.
3. Visualisieren Sie, wie Sie Ihren Rücken stützen, während Sie ihn sehr geschmeidig bewegen. Sie prüfen den Bewegungsspielraum Ihres Rückens in Ihrer Vorstellung. Sie sollten keinen Schmerz spüren und auch nicht an Schmerz denken.
4. Visualisieren Sie, wie Ihr Rücken wie von einem Chiropraktiker wieder eingerenkt wird. Ihr Rücken wird auf seine optimale Stellung zurückgesetzt.
5. In Ihrer Visualisierung beugen Sie Ihren Rücken, um seinen gesamten Bewegungsspielraum zu prüfen, bis Sie sich ganz sicher und stabil fühlen. Sie kommen in den Bereich, wo Sie sich wohl fühlen. Dann sollten Sie sich bei all den normalen Bewegungen zuschauen, die Sie wegen Ihrer Rückenprobleme nicht mehr machen konnten. Sehen Sie, wie Sie diese Dinge ohne Beschwerden oder den geringsten Schmerz machen können.

Modifizieren und entwickeln Sie die Visualisierungen weiter, während Sie mit ihnen Erfahrungen sammeln.

Muskelverletzungen

Auch wenn es wegen der Schmerzen schwierig ist, sich locker zu machen, müssen Sie versuchen, für Ihre Visualisierungs-Sitzung eine entspannte Position zu finden. Holen Sie tief Luft und fangen Sie an.

1. Visualisieren Sie eine weiße Spirale beruhigender flüssiger Energie, die den Problembereich umgibt (siehe Abbildung 39). Schauen Sie zu, wie alle Ihre Muskeln wie ein Schwamm die Flüssigkeit aufsaugen.
2. Wenn Ihre Muskeln mit dieser flüssigen Energie völlig durchtränkt sind, sehen Sie beruhigende Wellen von elektrischen Impulsen aus Ihrem Muskel hervorquellen. Fühlen Sie, wie die Muskeln sich entspannen, während sie in dieser leuchtenden Energie baden (siehe Abbildung 40).

Knochenbrüche

Die meisten Frakturen müssen zuerst von einem Arzt physisch wieder gerichtet werden. Die folgende Visualisierung ist dazu gedacht, die Genesung zu beschleunigen. Diese Visualisierung arbeitet mit Hitze, die das Tempo jeder chemischen Reaktion enorm steigert, wodurch die Blutzirkulation angeregt wird. Das beschleunigt den Heilungsprozess.

Bei mehrfachen Frakturen können Sie die Visualisierung entweder jeweils für eine machen oder Sie können die Heilung des gesamten Knochens auf einmal visualisieren. Nochmals: Machen

Sie das, was für Sie am besten funktioniert. Es gibt keine festen Regeln, was funktioniert und was nicht, denn jede Visualisierung hat einen gewissen Einfluss auf das Immunsystem.

1. Visualisieren Sie ein helles weißes Licht, das vom Inneren Ihres Knochens absorbiert und dann wieder abgestrahlt wird (siehe Abbildung 41). Dieses helle Licht erzeugt Hitze.
2. Stellen Sie sich vor, wie Sie Ihre Fraktur mit Energie umwickeln.
3. Die Energie strahlt nach außen, während Sie den gesamten Bereich mit warmem, heilendem Licht überfluten, um den Reparaturvorgang zu beschleunigen (siehe Abbildung 42). Schauen Sie zu, wie neuer, gesunder Knochen alle Lücken ausfüllt, bis man nicht mehr sieht, dass da einmal ein Problem war. Visualisieren Sie die Fraktur als komplett geheilt (siehe Abbildung 43).

Erschöpfung und emotionale Probleme

Emotionale Probleme belasten die Psyche schwer, und das verbraucht eine Menge Energie. Wenn wir eine emotionale Last abwerfen, fühlen wir uns leichter und haben mehr Energie, das Leben zu genießen. Es hilft beim Erreichen dieses Ziels, sich mit Energie aufzuladen. Vielleicht möchten Sie die Visualisierung auch noch modifizieren, indem Sie visualisieren, wie Sie diese Last tatsächlich von Ihrem Rücken gleiten lassen.

Die Visualisierung für Erschöpfung oder emotionale Probleme ist ähnlich wie die Technik der Ausdehnung der Aura, die im Kapitel 2 unter dem Titel „Universelle Energie in den Körper lenken" beschrieben ist. Machen Sie diese Visualisierung immer, wenn Sie sich erschöpft fühlen und einen Energieschub brauchen. Ich habe festgestellt, dass sie z.B. ein gutes Mittel ist, nach intensivem Fitnesstraining Energie zurückzugewinnen. Sie ist auch ein wirksames Mittel, um Ihr Leistungsoptimum (das Leistungsmaximum, bei dem Sie sich noch wohl fühlen) hochzuschrauben. Ich setze sie beispielsweise ein, um beim Training mit Gewichten meine Leistung zu steigern.

1. Visualisieren Sie, dass die gesamte Energie des Universums in Sie hineingesogen wird (siehe Abbildung 44). Absorbieren Sie diese Energie weiter, bis Sie das Gefühl haben, dass Ihr Energiesystem komplett damit durchtränkt ist. Dies zu meistern erfordert Übung.
2. Wenn die gesamte Energie in Ihnen ist, stellen Sie sich vor, sie explodiert in alle Richtungen (siehe Abbildung 45). Die Druckwelle der Energie breitet sich aus. Wenn sie aus dem Blickfeld verschwunden ist, bleibt nur ein klares, reines Hologramm Ihrer selbst zurück, in dem es kein Anzeichen für irgendein Problem mehr gibt.

Eine andere wirksame Visualisierung ist, mit Strömen von Laserlicht den Knoten zu lockern, der Sie von dem abhält, was Sie gerne tun würden. Befreien Sie sich.

Visualisierungen auf eigene Bedürfnisse zuschneiden

Es wäre eine unlösbare Aufgabe, detailliert jede mögliche Visualisierung anzusprechen, die auf jedes bekannte Gebrechen anwendbar wäre. Es ist aber nicht nur unrealistisch, sondern auch unnötig, denn Sie haben den Schlüssel zu allen Visualisierungen in der Hand. Er heißt Vorstellungskraft.

Seien Sie kreativ. Verändern oder modifizieren Sie die Visualisierung nach Ihren Bedürfnissen. Unterschätzen Sie nie Ihre eigene Macht, sich zu heilen und gesund zu werden. Visualisierungen sind ein Werkzeug, das genutzt werden will. Ihre Reaktion auf sie ist individuell, genauso wie das, was bei Ihnen am besten wirkt. Der eine oder andere Leser fragt sich nach dem Lesen dieses Buches vielleicht: „Welche Visualisierung ist die richtige für meine Beschwerden?" Wenn es Ihnen so geht, fragen Sie sich:

1. Habe ich mich über mein Leiden so umfassend wie möglich informiert?
2. Weiß ich, was die gesunde und richtige Funktion dieses Bereiches ist?
3. Weiß ich, wie dieser Bereich aussehen sollte?
4. Habe ich die grundlegenden Visualisierungen angewendet und sie entsprechend meiner Situation variiert?
5. Habe ich die speziellen Visualisierungen, die für mich am relevantesten sind, angewendet und entsprechend modifiziert?

Alle Visualisierungen in diesem Buch sind so angelegt, dass Sie sich bei der Entdeckungsreise, was für Sie am besten funktioniert, möglichst wohl fühlen. Sich in der eigenen Haut wohl zu fühlen ist der wichtigste Schritt in Richtung Selbstverantwortung. Vertrauen Sie sich auf Ihrem Weg nach vorn.

Schlussbemerkung

Wenn der Inhalt dieses Buches auch nur einem Menschen auf dem Weg der Heilung geholfen hat, hat er in Wirklichkeit uns allen geholfen. Was uns zu trennen scheint, ist nur eine Illusion. Was wir für uns selbst tun, tun wir letztendlich für alle. Und es ist das unvermeidliche Ergebnis unserer Selbsthilfe, dass wir damit jedem helfen.

Bleiben Sie dran!

Danksagung

Ivan Rados, Ihnen danke ich für all Ihre Mühe und Ihr Engagement, die in die Bebilderung dieses Buches geflossen sind. Als wir zum ersten Mal besprachen, was für Illustrationen wir brauchten, wurde uns schnell klar, dass manche einfach zu komplex waren, um verbal beschrieben werden zu können. Sie schlugen vor, ich solle Ihnen telepathische Bilder schicken. Ich dachte, das könnte funktionieren, weil ich diese Technik manchmal benutze, um im Koma liegenden Menschen zu helfen. Ich schicke ihnen telepathische Bilder von vertrauten Menschen, Orten oder Gegenständen.

Ihre intuitiven Fähigkeiten haben es Ihnen ermöglicht, die Informationen zu empfangen, die ich Ihnen schickte, und Ihr außergewöhnliches Talent, Ihre Kreativität und echte künstlerische Vision haben Bilder geschaffen, die dem, was mir vorschwebte, sehr nahe kommen.

Ivan, vielen Dank, dass Sie diesem Buch Illustrationen geschenkt haben, die mein Strichmännchen-Niveau weit übertreffen.

Vielen Dank auch an Dr. Doris Lora, die mir während des Schreibens immer wieder Mut gemacht hat.

Vor allem aber Dank an all die, denen zu begegnen ich das Vergnügen hatte, als unsere Wege sich kreuzten.

Anmerkungen

1 Im Original „wellness", das im Englischen diese umfassende Bedeutung hat, als Lehnwort im (neu)deutschen Sprachschatz aber inflationär verflacht ist. Als Übersetzung für das ähnliche „well-being" kommt dann „Wohlbefinden" zum Zuge. (Anm. d. Übers.)

2 Im Original (wie auch im Titel) „self-empowerment"; im Folgenden gelegentlich auch als „Selbstverantwortung" oder „Selbstkompetenz" wiedergegeben. (Anm. d. Übers.)

3 „Der kleine Prinz" von Antoine de Saint-Exupéry. (Anm. d. Übers.)

4 Im Original steht das nicht eindeutig fassbare „mind". Es wird in diesem Buch je nach Kontext als „Psyche", „Geist" oder „Denken" (und manchmal auch umgangssprachlich als „Kopf") wiedergegeben. (Anm. d. Übers.)

5 Im Original „body, mind and spirit". Die gewählte deutsche Übersetzung ist im abendländischen Sprachgebrauch so etabliert; „Geist" ist dabei synonym mit „Psyche". „Seele" für „spirit" wiederum meint nicht den individuellen Geist oder die Individualseele im christlichen Sinn, sondern eher den Anschluss an eine transpersonale „Überseele", einen alles umfassenden „Großen Geist"; wie man sieht, wäre dafür im Deutschen „Geist" ebenfalls treffend. (Anm. d. Übers.)

6 „In the zone" ist im US-amerikanischen Sprachgebrauch, ähnlich dem „Flow", ein geflügeltes Wort. Gemeint ist der psychologische Bereich, wo ein Sportler fähig wird, seine bisherigen physischen und mentalen Grenzen zu überwinden und eine neue Ebene seiner Fähigkeiten (Physis, Technik, Intuition) und bezüglich der gesamten Situation (Mannschaft, Publikum) zu erreichen. Im Deutschen gibt es unter Sportlern die Redewendung „wir haben

einen Lauf", wenn ein Erfolgserlebnis eine Positivspirale auslöst und „es läuft". (Anm. d. Übers.)

7   Vgl. Anmerkung in Kapitel 4.

8   „System" hier mit dem englischen Doppelsinn: Es kann ein technisches oder ein biologisches System bezeichnen; für Letzteres würde man im Deutschen eher „Organismus" sagen. (Anm. d. Übers.)

Weitere Literatur aus dem Arbor-Verlag:

Adam

Dreamhealer
Eine wahre Geschichte über das geistige Heilen

Dies ist die Geschichte von Adam – Amerikas bekanntestem Geistheiler unserer Tage.
In diesem Buch über Gesundheit und Heilung berichtet uns Adam, wie er seine Fähigkeit, andere zu heilen, entdeckt und entwickelt hat.
Im Alter von sechzehn Jahren begegnet er erstmals seiner außergewöhnlichen Fähigkeit, sich mit dem Gesundheitszustand anderer Menschen zu verbinden und sie zu beeinflussen – ganz gleich ob nah oder fern. Seither teilt Adam sein Wissen, seine Beobachtungen und seine Fähigkeiten mit anderen. So auch in diesem großartigen kleinen Buch, in dem er seine eigene Geschichte auf dem Weg zum Geistheiler skizziert. Ehrlich und unaufdringlich lässt er uns an seinem Leben und an jener einzigartig lebendigen Körper-Geist-Verbindung teilhaben, die ihn zum bekanntesten Heiler Nordamerikas gemacht hat.
Freundlich und sehr bodenständig ermuntert er uns so, nicht immer nur das für wahr zu nehmen, was wir mit unseren fünf Sinnen zu begreifen verstehen. Seine Geschichte gibt uns Hoffnung und ermutigt uns, eigene Wege zu gehen, auch jene, die uns in einen Raum jenseits des in unserer Kultur Akzeptierten führen.
„*Wahres Sehen bedeutet, Dinge zu erfassen, die über uns selbst hinausgehen.*"   ADAM

ISBN 978-3-936855-53-1

Adam

Quantenheilung
Der neue Weg zu Heilung und innerem Gleichgewicht

Geistheilung ist kein mysteriöses Phänomen, keine Gabe, über die nur wenige Auserwählte verfügen. Im Grunde sind wir alle dazu fähig. In diesem Buch erklärt Adam, wie wir lernen können, uns selbst und andere mental zu heilen. Als wäre das weiter nichts Besonderes, liefert er schlüssige wissenschaftliche Erklärungen für diese bisher als unerklärlich geltende Kunst.

Die Energie, die alles Leben im Universum verbindet, macht Fernheilung möglich. Hinzu kommt das Phänomen der so genannten Quantenfernwirkung. Adam erklärt diese komplexen Zusammenhänge auf eine leicht verständliche Art und Weise, in seiner gewohnt lebhaften und unterhaltsamen Art – einfach weil es für die praktische Selbstheilung sinnvoll ist, einen allgemeinen Überblick zu haben, wo Energie herkommt und wie sie funktioniert. Zudem möchte er mit seiner Darstellung des Energie-Begriffs dazu beitragen, den Heilungsprozess zu entmystifizieren und den Schleier der rituellen Geheimnistuerei zu heben, mit der die Kunst des Heilens oft umhüllt wird.

Praktische Anleitungen für Meditationen und Visualisierungen zur Selbstheilung, runden Adams Angebot an uns ab. Denn es ist Adam wichtig, uns unmißverständlich klar zu machen: Auch wir sind in der Lage zu heilen, wir alle. Und zwar uns selbst und andere, auch über Distanzen hinweg, genau wie er.

ISBN 978-3-936855-55-5

Ilchi Lee

Gehirnatmung
Wie ihr Gehirn kreativer, friedfertiger und produktiver wird

Entfalten Sie das Potenzial Ihres Gehirns dank Gehirnatmung, einem einfachen und wirkungsvollen System geistiger, seelischer und körperlicher Entfaltung.
Gehirnatmung nach Dr. Ilchi Lee vereint sanft und wirkungsvoll Yoga und Traditionelle Chinesische Medizin mit den neuesten Erkenntnissen aktueller Gehirnforschung.
Die Praxis der Gehirnatmung stimuliert und verjüngt das Gehirn und erlaubt ihm, effizienter zu arbeiten. Das Ki, die Lebensenergie im Körper, wird ausgetauscht und erfrischt – der Körper wird mit neuer Ki-Energie aufgeladen.
Geistige Entfaltung ist kein spirituelles Luftschloss, sondern ein Prozess realer Veränderungen im Gehirn, die im Rahmen des Gehirnatmungs-Programms durch Atem-, Bewegungs- und Meditationstechniken stimuliert werden. Das Erwecken des Wahren Selbst, das Wiederaneignen der Meisterschaft über das eigene Gehirn stehen dabei im Mittelpunkt.
Ein kreatives Gehirn ist flexibel und einfallsreich. Selbst inmitten von Schwierigkeiten verzweifelt ein kreatives Gehirn nicht, sondern wird erfinderisch und findet eine Lösung.
Ein friedlicher Geist produziert Information, die positiv und heilsam ist – ein wertvoller Beitrag zur Schaffung von Frieden.
Ein produktives Gehirn ist ein verantwortungsvolles Gehirn mit einem fein abgestimmten Sinn für die Wirklichkeit. Ein produktives Gehirn hat eine Vision; es setzt sich ein Ziel und verwirklicht dieses.

ISBN 978-3-936855-72-2

Saki Santorelli

Zerbrochen und doch ganz
Die heilende Kraft der Achtsamkeit

Mit diesem Buch stellt Saki Santorelli die Essenz der an seiner Klinik entwickelten achtwöchigen Kurse zur Praxis der Achtsamkeit im Gesundheitswesen vor.

Saki Santorelli zeigt auf, wie es auch bei schweren Krankheiten möglich ist, mit dem Teil in sich in Berührung zu kommen, der unverletzbar, heil und ganz ist, und wie es Menschen so gelingen kann, ihrem Leben eine vollkommen neue Dimension zu geben.

Anhand zahlreicher Beispiele, Übungen und geleiteter Meditationen bietet er Einsichten und effektive Methoden an, um Achtsamkeit im täglichen Leben zu fördern. Saki Santorelli erinnert uns an eine Art von innerer Heilung, die in der westlichen Medizin beinahe vergessen ist. In Prosa und Poesie sowie in ergreifenden Fallbeispielen ruft Saki Santorelli für uns die Gegenseitigkeit der heilenden Beziehung wach. „Zerbrochen und doch ganz" ist ein klarer Spiegel, in dem wir jene Freiheit finden können, die im Herzen jeder authentischen Heilung zu finden ist. Ein wunderbares Buch über die heilende Kraft der Achtsamkeit, das in keiner Gesundheitsbibliothek fehlen sollte.

Mit einem Vorwort von Jon Kabat-Zinn
Dr. Saki F. Santorelli ist Leiter der Stress Reduction Clinic der Universität von Massachusetts. Dr. Santorelli leitet zudem die klinischen und pädagogischen Dienste im Zentrum für Achtsamkeit in Medizin, Gesundheitsvorsorge und Gesellschaft.

ISBN 978-3-936855-96-8

Gerne informieren wir Sie über unsere weiteren Veröffentlichungen. Schreiben Sie uns oder besuchen Sie uns im Internet unter:

www.arbor-verlag.de

Hier finden Sie umfangreiche Leseproben, aktuelle Informationen zu unseren Büchern und Veranstaltungen, Links und unseren Buchshop.

Arbor Verlag GmbH • D-79348 Freiamt
Tel. 0761. 401 409 30 • info@arbor-verlag.de